KB269321

대화의 맛

지고는 못 산다 대화의 맛

야스다 다다시(安田正)지음 | 황선희 옮김

ㅎㄹ

이 책을 펼친 당신에게
_당신을 성공으로 안내할 12가지 대화 기술

나는 독자가 인생에서 성공할 기회를 반드시 잡기를 바라는 마음으로 이 책을 썼다. 내 경험상 인생에서 성공하는 최대 핵심은 '대화술'이다.

대화술은 구체적으로 '말하기'와 '듣기'로 이루어져 있는데, 여기서는 말하기를 중심으로 설명한다. 말하기를 선택한 이유는 3가지가 있다.

첫째, 말하기는 인생에서 가장 영향력이 있기 때문이다.

직장을 예로 들어보자. 부하를 거느리는 관리자도, 반대로 관리자나 선배에게 배우는 신입사원들도 직장에서 마찰 없이 일하려면 말하기가 관건이다. 또한, 말하기는 업무 성과와도 직결된다. 뿐만 아니라 사생활에서 부부, 친구, 부모, 자녀, 연인과 좋은 관계를 쌓고 유지하는 데도 말하기가 중요한 역할을 한다. 비즈니스에서든 사생활에서든, 말하기를 이용한 커뮤니케이션을 통해 상대방의 인상이나 인간성을 파악하기 때문이다.

둘째, 서양인과 비교하면 동양인은 말을 잘하는 사람보다 못하는 사람이 훨씬 많다. 그렇기에 이를 역으로 이용하기 좋다. 즉, 사람들이 대부분 대화에 서투르면 말하기 연습을 조금만 해도 바로 결과가 나타나고, 눈에 띄게 잘할 수 있다는 말이다.

셋째, 말하기는 돈, 연줄, 학력, 배경과 무관하다. 누구나 노력만 하면 최고가 될 수 있다는 뜻이다.

다시 말해, 말하기로 인생을 바꿀 수 있다.

이 책에서는 말하기의 달인이 되기 위한 12가지 기술을 다룬다. 그리고 현재 다양한 분야에서 활약하는 말하기의 달인들이 각 기술을 어떻게 활용하는지 실제 사례를 들고, 쉽게 따라 해 볼 수 있는 연습 방법도 소개했다.

12가지 기술을 전부 익힐 필요는 없다. 재미있어 보이는 기술부터 시작해서 필요한 기술들을 확실히 익힌 후, 그 방법을 조합해서 사용해보자. 그러면 자신만의 고유한 말하기 기술을 만들 수 있다. 실제로 그런 말하기 기술을 의식하고 구사하는 사람이 거의 없으니, 조금만 알고 연습하면 금방 달변가가 될 수 있다.

각 기술에서 소개하는 '이야기의 달인'은 단 한 가지 기술만으로도 사람들로부터 호감을 얻어 성공했고, 부자가 되었다. 책에서 소개하는 기술을 잘 익히고 연습해 써먹는다면 당신도 그들처럼 성공할 수 있다.

말하기는 어떤 자격증보다도 확실하게 성공과 명성, 부(富)를 손에 쥐는 지름길이다. 이를 스스로 깨닫고 인생에서 성공을 손에 쥐기 바란다.

_야스다 다다시(安田正)

Contents

저자의 말 당신을 성공으로 안내할 12가지 대화 기술 · 004

프롤로그 말을 잘하면 무슨 일을 하든 성공할 수 있는 이유 · 010

1장 대화를 '풀어가는' 법

1 스킬 I 초점 따라가기   주제 파악 좀 하시오!

핵심 : 모호한 사고가 모호한 대화법을 만든다 · 029   사례 : 주제에 맞는 답을 끌어
낸다 · 037   연습 : 항목을 써서 도식화한다 · 041

2 스킬 II 맞장구 활용   듣는 사람 생각도 좀 하시오!

핵심 : 맞장구만 잘 쳐도 대화는 화기애애 · 045   사례 : 묻고, 반복하고, 쉴 틈 없이
맞장구친다 · 056   연습 : 대화에도 가지치기가 필요하다 · 061

3 스킬 III 가지치기   말을 '많이' 한다고 '잘'하는 것은 아니다

핵심 : 대화에도 가지치기가 필요하다 · 066   사례 : 상대의 입맛에 맞는 설명을 하
라 · 070   연습 : '세 가지'를 찾아라 · 076

4 스킬 IV 표정 활용   대화는 말로만 하는 것이 아니다

핵심 : 표정과 목소리를 잘 활용하라 · 079   사례 : 상대를 움직이는 '반응' · 086
연습 : 자신의 모습을 확인하라 · 092

2장 대화를 '끌어가는' 법

5 스킬 V 역지사지 눈높이를 맞추면 통한다

핵심 : '상대 입장에서 말하기'의 이점 · 099 사례 : 듣는 사람의 입장에 선다 · 107
연습 : 초등학생에게 설명하기 · 112

6 스킬 VI 구성 만들기 판에 박힌 이야기? 틀에 맞춘 이야기!

핵심 : 틀을 짜놓으면 대화는 저절로 흘러간다 · 117 사례 : 틀에 맞춘 TV 프로그램 · 119 연습 : 연역법 활용 · 122

7 스킬 VII 색깔 입히기 '아'와 '어'는 정말 다르다

핵심 : 살아 있는 이야기가 마음을 움직인다 · 125 사례 : '자기만의 색깔'을 활용한다 · 133 연습 : 핵심은 '의견의 근거'와 '어휘' · 140

8 스킬 VIII 끌어들이기 '듣게' 하지 말고 '집중하게' 하라

핵심 : 사소한 변화가 큰 차이를 만든다 · 145 사례 : '숫자와 고유명사'를 활용한다 · 154 연습 : 묘사 일기를 써보자 · 158

9 스킬 IX 끌어가기 토론은 말싸움이 아니라 논리싸움이다

핵심 : 상황을 지배하는 '정의하기' 대화술 · 160 사례 : 아무도 반론할 수 없는 절대적인 힘 · 171 연습 : 사자성어를 '간결하고 빠르게' 설명하라 · 175

10 스킬 X 총알 장전 화젯거리가 많으면 대화가 풍성해진다

핵심 : 화제가 풍부한 사람이 되자 · 177 사례 : 분야를 먼저 정한다 · 179
연습 : 아웃풋 효율을 높이기 위해서 · 184

3장 순식간에 휘어잡는 대화법

11 스킬 XI 주제 뽑기 1분 스피치를 할 때는 교장선생님이 되지 마라!

핵심 : 주제를 뽑아낸다 · 189 사례 : 본질적인 주제만을 뽑아낸다 · 200
연습 : 1분 안에 정리해보자 · 204

12 스킬 XII 필살 유머 대화의 필수 양념, 웃겨라!

핵심 : 경직된 회의실에 활기를 불어넣자 · 206 사례 : 적절한 '놀리기'로 웃음바다
를 만든다 · 208 연습 : 즉각적으로 '비유'한다 · 215

에필로그 '말하기' 하나로 인생을 바꿀 수 있다! · 218

말을 잘하면 무슨 일을 하든 성공할 수 있는 이유

카를로스 곤 사장 이후 일본의 커뮤니케이션이 바뀌었다

예나 지금이나 '남자는 과묵해야 한다' 또는 '침묵은 금' 같은 격언을 자주 사용한다. 이는 '말이 많으면 믿을 수 없다'는 뜻으로 해석할 수 있다.

그러나 현대 사회는 세계화되었다. 이에 따라 이상적인 커뮤니케이션의 모습 또한 빠르게, 근본적으로 바뀌었다.

그 변화의 바람을 처음으로 느낀 것은 닛산(日産)의 사장 카를로스 곤(Carlos Ghosn)이 일본에 와서 현장 직원의 목소리를 들었을 때였다. 그때가 1999년이었으니, 벌써 10년도 더 된 일이다.

'곤 사장은 공장 현장 지시도 직접한다'라는 내용의 NHK 특집 방송을 우연히 봤는데, 거기서 닛산의 현장 직원이 이렇게 말했다.

"예전에는 사장들의 생각이나 회사가 나아가려는 방향 같은 건 전혀 알 수 없었다. 그렇지만 곤 사장의 말을 들은 지금은 회사가 어떤 방향으로 가려는지, 그러려면 우리가 무엇을 해야 회사에 도움이 될지 분명하게 알 수 있다. 곤 사장은 알기 쉽게 이야기해준다."

이전까지는 사장이 현장 직원과 커뮤니케이션을 하는 일이 없었는데, 곤 사장이 처음으로 사장의 의지와 뜻, 목표를 현장까지 전했다는 말이다. 한마디로 곤 사장이 일본의 향후 커뮤니케이션이 나아갈 방향, 즉 척하면 착, 이심전심, 눈빛만 봐도 알 수 있다는 옛날식 커뮤니케이션은 이제 통하지 않는다는 사실을 알렸다. 나도 그때 '이야기를 정확하게 전달하는 것'의 놀라운 효과를 다시 확인했다.

곤 사장의 사례 이후로 일본에서는, 특히 경영자를 중심으로 '커뮤니케이션 방법을 바꿔야 한다'는 의식이 순식간에 퍼졌다. 당시 기업을 대상으로 커뮤니케이션 연수를 하던 나는 급격하게 늘어난 업무 덕분에 새로운 커뮤니케이션에 대한 열기를 피부로 실감할 수 있었다. 그러나 여전히 커뮤니케이션의 중요성을 모르는 사람이 많고, 안다 해도 대체 무엇을 어떻게 해야 좋을지 모르는 사람이 많다.

내 생각에 '곤 커뮤니케이션 혁명' 이후 10여 년이 지난 오늘날까지는, 말하기가 성공을 좌우한다는 사실을 빨리 깨달은 이들이 말하는 방법을 남보다 조금 일찍 바꾼 것만으로도 성공할 수 있었다. 그러나 다가올 10년은 다르다. 이제 커뮤니케이션에 서툰 사람은 도태되는 시대에 접어들었다.

한 걸음 더 앞서가는 커뮤니케이션 기술

이런 시대에 남보다 한 걸음 더 앞서려면 어떤 말하기, 즉 어떤 커뮤니케이션 기술이 필요할까? 정답부터 말하자면 '자신만의 말하기'다. 논리적으로 전달하는 일반적인 말하기는 누구나 필수적으로 익혀야 하는 것이 되었고, 거기서 더 앞서려면 자신만의 말하기를 익혀야 한다.

바로 이 책에서 소개하는 내용이다. 나의 전작들 중 하나이자 '말하기 입문서' 격인《로지컬 커뮤니케이션(ロジカルコミュニケーション)》(日本実業出版者, 2007)의 응용편인 만큼, 특색 있고 내용도 색다르다. 각 장에는 그 기술을 직접 구사하여 성공한 사람들의 사례도 실었다. 또한 그들이 구체적으로 어떻게 말하는지, 핵심이 무엇인지 분석해 마지막에는 그 기술을 연습하는 방법까지 제시해보았다.

대화술은 타고나는 '재능'이 아니라, 누구나 익힐 수 있는 '기술'이다.

흔히 말을 잘하는 것과 입만 산 것을 혼동하는 사람이 많은데, 이는 얼토당토않은 착각이다. 말을 잘하려면 머리도 써야 하고, 상대의 입장에서 생각하거나 자신의 색깔로 바꾸어 말하는 등 다양한 방법을 고안하고 개선해야 한다. '입만 산 것'과는 본질적으로 다르다.

세상에는 말을 잘해서 성공하고 수십억 원을 벌어들이는 사람이 많다는 사실을 꼭 기억하기 바란다. 또한, 말로 사람들의 호감을 사면 일거리도 잘 들어온다.

또 하나 알아둬야 할 것은 말하기를 배우는 데 있어서 나이는 아무 상관없다는 점이다. 젊은 시절에 짧게 활동하고 현역에서 은퇴해야 하는 운동선수와 달리 일반 직장인들의 직장생활은 짧지 않은데, 말하기는 제대로 배워두면 평생 쓸 수 있다.

신입사원 시절에 이를 깨닫는다면 사회인으로서 멋지게 출발할 수 있다. 만약 대학생이라면 당연히 취업에서 큰 효과를 발휘할 것이다. 요양원 같은 곳에 들어간 다음 깨달아도 나쁘지 않다. 다른 할미니와 할아버지들에게서 인기를 끌 테니까 말이다. 즉, 말하기의 중요성은 언제 깨달아도 좋고, 말하기를 배움에 있어 때늦은 시작이란 없다.

'호감을 주는 말하기'가 가능하면 어떤 장사를 해도 성공한다

영업사원을 보다 보면 '착각도 유분수지. 어디 이래서 하나라도 팔겠나!'라는 생각이 들 때가 한두 번이 아니다. 그들이 가장 중요한 점을 모르기 때문이다. 고객이 상품만 보고 물건을 사는 것 같아도, 사실은 '좋은 영업사원'으로부터 물건을 사고 싶어 한다는 것 말이다.

고객과 대화하거나 상품을 설명하는 과정에서, 인품에 대해서든 능력에 대해서든, 파는 사람에게 호감을 느끼지 못한다면 굳이 그 사람에게서 살 이유가 없다.

물건을 파는 데 성공한 경우 고객의 인상에 남는 것은 다음 두 가지다.

첫째, 상품이 꽤 괜찮아 보인다.

둘째, 상품을 팔러 온 사람이 열정적이고 재미있으며, 보기보다 머리가 좋은 사람이다.

이 둘이 짝을 이루지 않으면 계약하지 않는다. 상품이 비싸수록, 꼼꼼한 검토가 필요할수록 고객은 그 상품보다 판매하는 '사람'을 보고 판단한다. 단순히 물건을 사는 것뿐이라면 인터넷 쇼핑으로도 충분하기 때문이다.

즉, '말을 잘해서 호감을 산다'와 '성공해서 부자가 된다' 사이에는 등호가 성립한다. 다른 사람에게서 호감을 사면 일거리가 많이 들어오고, 돈을 벌 기회가 늘어나서 부자가 된다. 뛰어난 말솜씨로 이성에게서 인기를 얻는 것과 비즈니스 기회를 잡는 것이 결국 같은 이치라는 뜻이다.

다른 사람에게 호감을 주는 말하기에 능숙해지면 어떤 장사를 해도 부자가 될 수 있다. 사람은 물건만을 사는 것이 아니다. 무언가를 파는 쪽도, 사는 쪽도 결국 사람이다. 그리고 사람은 라면이든 커피든 편한 사람이 만들어주면 더 맛있게 느낀다.

▲ '호감을 주는 말하기'를 하면 성공한다

'자신만의 말하기'를 빨리 발견하자

크게 성공한 사람들을 보면 '말하기의 기본'은 모두 같은데, 거기에 '자신만의 말하기'를 추가해 자신만의 색깔을 찾는다. 반드시 자신만의 방법을 추가해서 이야기한다는 말이다. 예를 들면 다음과 같다.

- 적절한 속도로 질문 형식의 맞장구를 치고, 상대가 편하게 말하도록 해준다
- 앵무새처럼 따라 하는 것이 아니라, 자신의 색깔로 바꾸어 상대에게 전한다
- 논의의 핵심을 날카롭게 지적해 상대가 감탄하게 한다
- 뛰어난 묘사력으로 이미지를 공유한다

지금까지 '말하기 입문'과 같은 기본서는 많았지만, '자신만의 말하기'를 구축하도록 한 책은 없었다. 따라서 이 책에서 말하기의 스승을 꼭 찾기 바란다. 말하기의 대가(大家)는 시대를 초월해도 대가라는 점을 잊지 말자.

말을 잘하게 되면 왜 자신도 즐거울까?

말을 잘하게 되면 자기 생각을 분명하게 전달할 수 있고, 커뮤니케이션이 원활해진다. 그 덕분에 '말을 잘한다 → 호감을 산다 → 일이 들어온다 → 기회가 찾아온다 → 성공한다(부자가 된다)' 라는 선순환이 일어난다는 것을 앞에서도 설명했다.

사실 말을 잘하게 되면 다른 사람이 호감을 느끼고 좋아할 뿐만 아니라, 말하는 자신도 즐거워진다. 그 이유는 크게 두 가지다.

첫째, 대화를 잘하게 되면 이야기를 하는 과정에서 생각이 점점 정리되고 발전한다. 나는 이것을 'breakthrough(돌파구)'에 빗대어 'logical talk through'라고 하는데, 처음에는 깨닫지 못한 사실도 말을 하다 보면 저절로 이해되기 때문이다. 그러다가 다른 것과도 연결지어 '이것과도 관련이 있겠다'라고 깨닫는 과정에서 생각이 넓어지고 발전한다. 그렇게 한 단계 성장한 자신을 느끼고 즐거워지는 것이다.

도사가 아닌 이상 그저 눈 감고 앉아 명상만 해서는 논리적 오류를 밝혀내거나, 다른 가능성 또는 새로운 길이 열리는 것을 깨닫기 어렵다. 입을 다물고 가만히 있으면 자기만의 생각에 빠져 결국 부정적인 사고로 흘러들 수 있기 때문이다. 그러나 능숙하게 대화할 수 있는 몇 가지 기술을 익히면 다른 사람과 대화하면서 자극을 받고, 차츰 새로운 가능성을 발견할 수 있다. 이야기를 시작하기 전까지는 전혀 생각지도 못하다가, 대화하는 중간에 '이것도 그 안에 포함시킬 수 있지 않을까?'라거나 '이런 사업도 가능하지 않을까?' 하고 점점 긍정적으로 바뀐다. 말하기가 능숙해지면 생각이 자라고 더욱 깊어지기 때문이다. 그렇기에 말을 잘하는 것은 행복해지는 비결이기도 하다.

둘째, 생각을 전하는 능력이 자라면서 자신의 꿈이 점점 실현 가능해진다. 사실 첫째 이유에서 설명한 것처럼 생각은 점점 긍정적으로 정리되지만, 그렇게 순간적으로 깨달은 생각을 다른 사람에게 전달하려 하면 자신의 의도대로 전해지지 않는다. 왜냐하면 자신이 그 생각(경지)에 이른 과정을 상대는 밟지 않아서 생각을 공유할 수 없기 때문이다. 전체가 100이라고 한다면 반은커녕 10도 전하기 어렵다. 하지만 '자신만의 말하기'를 할 수 있다면, 전부는 아니라도 50%, 상황에 따라서 70%까지도 전달 가능하다. 그 결과 주위에 공감하고 이해하는 사람과 조력자가 늘고, 자신의 꿈을 하나씩 실현해 나갈 수 있다.

제대로 말하지 않으면 아무것도 전할 수 없다

자기 생각을 잘 전달하는 상사는 부하를 잘 다루고, 회사 밖에서도 고객의 마음을 잡는다. 자기 신념을 제대로 전하는 사장은 말단 사원까지 생각을 공유하게 만들어 회사의 힘을 한 방향으로 모을 수 있기 때문에 사업도 성공한다. 서문에서 본 카를로스 곤 사장의 예처럼 말이다.

결국 말을 잘하게 되면 자신은 성장하고, 내용이 잘못 전달되는 것(정보가 왜곡되는 것)을 방지할 수 있을 뿐만 아니라, 여러 사람과 생각을 공유할 수 있다. 이처럼 전달 방법의 효율이 높아지면 업무 효율도 높아진다는 사실을 모르는 사람이 여전히 많다.

약간 다른 이야기지만, 사카모토 료마(坂本龍馬)의 이야기를 소개하겠다. 사카모토는 바쿠후(幕府) 말기에 일본의 근대화를 실질적으로 이끈 영웅이다. 그의 이야기를 통해, 궁지에서 벗어나고 역전 승리까지 가져오는 말하기의 효과를 실감할 수 있을 것이다.

사카모토 료마의 일화 중 '이로하마루(いろは丸) 침몰 사건'이라는 것이 있다. 다음은 내가 사원들에게 1분 동안 이로하마루 침몰 사건의 줄거리를 설명한 것이다.

이로하마루(いろは丸)는 사카모토 료마가 결성한 무역 결사인 가이엔타이(海援隊)에서 빌린 증기선이다. 이 배를 빌린 지 한 달째인 1867년 4월, 기슈 한(紀州藩)의 증기선인 메이코마루(明光丸)와 충돌해서 이로하마루가 침몰했다. 당시 이로하마루와 메이코마루 중 어느 쪽의 잘못인지를 따지게 되었다.

사실, 당시 기슈 한은 한창 세력을 떨치던 시절이어서 처음부터 누가 이길지는 잘잘못에 상관없이 이미 답이 나와 있는 것과 마찬가지였다. 권력 구조상 이로하마루에 승산은 없었다.

하지만 사카모토 료마가 그 상황을 완전히 뒤집었다.

'항해 중에 일어난 일은 항해심판으로 결판을 지어야 한다'는 한 마디로 말이다. '만국공법에 능통한 영국인 해군 제독이 공정하게 판결해야 한다'는 료마의 의견에 그 막강한 기슈 한도 반대하지 못하고 영국인 제독을 찾아갈 수밖에 없었다.

이 이야기에서 알 수 있듯이 사카모토 료마는 대화술이 뛰어났다. 누구도 거스르지 못하는 만국공법과 영국 해군 제독의 판결을 제안한 덕분에, 기슈 한으로부터 오히려 큰 액수의 보상금을 얻어냈다. 만국공법(현재의 국제법)이 일본에 번역된 시기가 1866년이라는 점을 생각하면, 사카모토는 신시대의 정보에도 밝았다고 할 수 있다.

사카모토 료마의 강점은 뛰어난 '대화술(교섭력)'이다. 이로하마루 침몰 사건을 보면 그는 지혜롭고 재치 있는 대화술로 불리한 상황에서 빠져나와 역전을 거두었다.

그는 신분이 낮은 하급무사였고, 특정한 소속도 없었다. 뛰어난 칼솜씨나 높은 출신성분을 가지지 못했음에도 '기발한 대화술'이 있었기에 시대에 한 획을 긋고 이름을 남길 수 있었던 것이다.

물론 사람을 속이는 사기꾼 같은 말솜씨를 뜻하는 것이 아니다. 압도적으로 유리했던 기슈 한조차 반론하지 못하게 했음은 물론이고, 견원지간이었던 사쓰마 한(薩摩藩)과 조슈 한(長州藩)이 그의 화술 덕분에 연합을 맺은 일화도 있다. 심지어 '사카모토 료마와 만나면 누구든지 그를 좋아하게 되었다'라는 말이 있을 정도였다. 그런 료마가 구사했던 기술이 바로 '자신만의 말하기'다.

이와 유사한 한국의 사례로는 국사 수업시간에 들어봤을 서희의 일화를 들 수 있다. 고려를 협박해 굴복시키고자 찾아온 거란에게서 말 몇 마디로 오히려 강동 6주를 되찾고, 낙타 10마리, 말 100필, 양 1,000마리와 비단 500필까지 선물로 받아온 서희야말로 뛰어난 교섭 능력을 보여 준 좋은 예이다.

서희가 거란의 장군인 소손녕과 나눈 대화를 살펴보자.

소손녕이 80만 대군을 이끌고 와, 고려의 사신(使臣)인 서희에게 말했다.

"그대들의 나라(고려)는 신라 땅에서 일어났고, 고구려는 우리 소유인데 그대들이 이를 침범하고 있다. 또한 우리와 국경을 마주하고 있음에도 바다를 건너 송을 섬기고 있으므로 군대를 내게 되었다. 만일 우리에게 땅을 바치고 국교를 맺는다면 무사할 수 있을 것이다."

서희는 추호도 물러섬이 없었다.

"그렇지 않다. 우리야말로 고구려 땅에 자리하고 있다. 그런 까닭에 나라 이름도 고려라 하였고, 평양을 서울로 정하였다. 그러니 땅의 경계로 논한다면 귀국(거란)의 동경도 우리 영토에 속할 것인즉, 어찌 우리가 침범하였다고 할 수 있겠는가? 또한 압록강 안팎도 역시 우리 영토인데, 여진이 그 사이를 차지하고 길을 막고 있어 귀국과 국교를 맺고 싶어도 그리할 수 없다. 만일 여진을 쫓아내고 옛 영토를 회복한다면 우리가 어찌 국교를 맺지 아니하겠는가? 그대가 내 말을 천총(天聰: 거란의 황제)에게 전한다면 거란과의 국교를 우리가 왜 받아들이지 않겠나?”

소손녕이 고려에 온 이유가 여진과의 전쟁을 앞둔 상황에서 혹시라도 고려가 여진을 도울까 우려해서였음을 서희는 정확히 파악했다. 그래서 말 몇 마디로 소손녕을 안심시킴과 동시에 강동 6주까지 되찾을 수 있었던 것이다.

반복해서 말하지만 대화술은 특별한 사람들만 타고나는 재능이 아니라 연습으로 얻을 수 있는 기술이다. 이 책을 통해 전문가들의 말하기 패턴을 알고, 그들의 말하기를 분석하고 내용에 따라 연습만 한다면 틀림없이 사카모토 료마와 서희 못지않은 대화술을 체득할 수 있을 것이다.

대화를
'풀어가는' 법

1 주제 파악 좀 하시오!

핵심 모호한 사고가 모호한 대화법을 만든다

왜 잘 나가다 삼천포로 빠질까?

말을 하다 보면, 주제를 별로 신경 쓰지 않아서 중간에 말이 어느 방향으로 흘러가는지도 모를 때가 있다.

X부장　오늘 F사와 상담한 거 어땠어?

Y대리　그쪽 부장이 갑자기 약속을 취소하는 바람에 F사 사람은 두 명밖에 안 왔어요. 진짜 난감했어요.

X부장　거기 부장은 꼭 약속 시간 직전에 취소하는 일이 많지.

Y대리　약속 시간 직전에 취소하기로는 P사의 M과장이 최고죠. 지

난주에도, 전날에는 와달라더니….

X부장　어, 맞아. 나도 P사 과장한테는 참 여러 번 당했지.

이 예시는 처음의 질문과는 어울리지 않는 방향으로 흐르고 있을뿐더러, 'F사 부장 → 약속 시간 직전에 취소 → 약속 시간 직전에 취소하는 사람 중 으뜸은 P사 과장 → …'으로 화제가 이동하면서 이야기가 점점 샌다. 그러나 정작 두 사람은 이야기가 옆길로 새는 걸 전혀 모르고 있고, 이대로라면 아마 마지막은 "거참, 힘들었겠군"으로 끝날 것이다. 이는 평소에 흔히 볼 수 있는 대화 패턴이다.

'사고'부터가 모호하다

간단한 잡담을 나눌 때야 별문제 없지만, 항상 앞선 예와 같은 방식으로 대화한다면 중요한 때도 주제에 맞는 대화를 하지 못해 결과적으로 이야기의 핵심을 놓치고 만다. 왜 그럴까? 사고 자체가 확고하지 못하고 모호한 것이 가장 큰 이유이다. 다음과 같이 누군가에게 화를 내는 상황을 예로 들어보자.

"너 정말 너무 무책임한 거 아냐? 전에도 '이탈리아 음식점에 가자'고 철석같이 약속했잖아. 근데, 뭐야! 갑자기 취소하고. 다들 얼마나 기대했는지 알아? 그것도 이 계절에 '장어덮밥 먹으러 가자'니, 무슨 생각이야?"

이래서는 바로 옆에서 들어도 약속을 취소해서 화가 났는지, 목적지가 바뀌어서 화가 난 것인지 알 수 없다.

이런 대화를 흔히 볼 수 있다는 것이 문제이고, 그럼에도 커뮤니케이션이 이루어진다는 사실이 더 큰 문제이다. 어째서 이런 문제가 생긴 것일까? 바로, 사람들이 그런 대화에 익숙해졌기 때문이다. 다시 말해 핵심을 벗어난 대화에 익숙해진 결과, 서로 아무것도 이해하지 못했다는 사실조차 깨닫지 못하고 그냥 대화가 끝나버린다.

상대의 이해를 얻지 못했음을 절실히 깨닫는 순간의 가장 좋은 예는, 바로 영업 상담 자리에서 고객에게 가차 없이 거절당할 때다. 제대로 설명했다고 생각하다가 심한 말을 듣고 나서야 비로소 자신이 핵심을 짚어내지 못했다는 사실을 깨닫는다. 그러나 이미 버스는 떠난 후. 게다가 야속하게도 요즘 버스 기사들은 뛰어서 쫓아가도 문을 열어주지 않는다.

모호하게 생각하는 것은 습관 때문이다

우리는 왜 이야기에 맥락이 없어도 신경 쓰지 않을까?

이는 애쓰지 않아도 상대가 눈치로 적당히 알아줬기 때문이다. 아이가 "이거 갖고 싶어"라고 하면 부모는 아이의 마음을 알아준다. 서양처럼 아이에게 "왜?"라는 성가신 질문을 퍼붓지 않는다. 어릴 때부터 쭉 그렇게 자라는 것이다.

'갖고 싶은 것'은 그저 '바람'일 뿐, 논리적인 이유를 댈 필요가 없었다. 그래서 어릴 때부터 상대에게 자기 의견을 분명하게 설명해야 할 필요성을 느끼지 못한 채 살아왔다. 게다가 그런 상황에 익숙한 부모 역시 "다음에"라는 식으로 두리뭉실하게 대답함으로써, 모호한 사고가 점점 길러진다.

이런 식으로 자라서 어른이 되면 모호한 사고를 바꾸기는 더더욱 어렵다. 왜냐하면 자기 사고방식이 모호하다는 사실을 꿈에도 모르기 때문이다.

모호한 사고로 대화를 하다 보면 듣는 사람도 자신이 무슨 말을 듣고 있는지 핵심을 파악하지 못한 채 잡담만 하게 되고, 대답하는 사람은 점점 더 샛길로 빠져 좀처럼 결론에 도달하지 못한다. 물론 그런 대화가 재미있을 수도 있고, 때로는 서로 죽이 맞아 분위기가 달아오르기도 한다. 하지만 결론을 보면 전체적인 내용은 정리되지 않는다.

듣는 사람도 흥미로운 이야깃거리 몇 가지를 찾으면 그걸로 됐다고 생각한다. 당연히 '이야기의 시작과 끝이 어떻게 이어지는지' 생각하거나 오류를 찾으려고는 하지 않고, 이야기의 전체 모습을 살펴보려고도 하지 않는다.

너무 꼬치꼬치 따진다고 하는 사람도 있겠지만, 대부분

바쁘기 마련인 경영자와 만났을 때를 생각해보라. 평소에 주제를 명확히 말하는 연습이 되어 있지 않으면 상대는 당신과의 대화를 시간낭비라고 생각할 수도 있다. 그만큼 성공과는 거리가 멀어지는 것이다.

주제를 의식하면 모호할 게 없다

이처럼 대화가 모호해지지 않으려면 어떻게 해야 할까? 간단하게 답하자면, 주제를 항상 의식하고 말해야 한다.

'지금 하는 말은 주제랑 관계가 있군'이라거나 '지금 상대가 하는 말은 중심 주제와 이렇게 관련지으면 되겠어'라는 식으로, 앞에서 전개되는 이야기와 주제의 관계를 확인하면서 대화를 진행하는 것이다.

물론 이야기 중에 이런 생각을 하기란 어려워 보이지만, 한 가지만 의식하면 의외로 간단하다. 바로 '주제와 지금 하는 이야기가 어떤 관계가 있는지'만 의식하면 된다.

이처럼 전체 이야기와 각 부분적인 이야기의 관계를 파악하면 주제와의 연결고리도 보인다. 즉, '주제를 의식하는 것=이야기의 전체 모습을 파악하는 것'이다.

주제만 명확하게 의식하면 이야기의 전체 모습도 파악할 수 있고, 이야기가 샛길로 새도 금세 원래 주제로 확실히 되돌릴 수 있다. 완전히 다른 이야기로 새거나 틀어질 걱정이 없다는 뜻이다.

주제를 되돌릴 때는 "그런데 하던 이야기를 계속하면…" 이라고 확실하게 말하는 것이 좋다. 그러면 상대는 보통 "아, 그렇죠"라고 대답한다. 이야기를 되돌릴 때마다 상대도 주제를 의식하기 때문에 대화도 원활하게 진행된다. 이는 결코 예의에 어긋나는 일이 아니다. 오히려 주제를 의식하면서 이야기를 진행하면 일에 있어 철저한 사람이라고 좋게 평가받기도 한다.

대본을 짜봅시다

주제를 의식하며 말하는 데 도움이 될 만한 방법이 하나 더 있다. 미리 대본을 만들어보는 것이다.

상품에 대해 상담하는 경우를 예로 들어보자. 이런 경우는 그 장소에서 주제가 갑자기 정해지는 것이 아니라 이미 주제가 정해져 있다. 따라서 주제에 맞춰 어떻게 말을 시작하고 마무리지을지 미리 정해서 대본을 만들어두면, 이야기가 주제에서 크게 벗어날 일이 없다. 또한 상대방이 어떤 제안을 해올지 미리 예측해볼 수도 있으니, 일석이조다.

 # 주제에 맞는 답을 끌어낸다

'주제를 의식해서 이야기하기'의 달인이 있다. 바로 영화 배우이자 《창가의 토토》를 쓴 작가 구로야나기 테츠코(黑柳徹子)다. 그녀는 날마다 개성 넘치는 손님을 초대하여 이야기를 진행할 때 항상 '주제를 의식해서' 한다.

매일 다른 손님을 만나서(주중 오후 1시 20분부터 1시 55분까지 〈테츠코의 방(徹子の部屋)〉이라는 토크쇼를 진행한다 - 옮긴이 주) 짧은 시간에 시청자를 집중시키는 것은 주제를 확실히 인식하고 핵심 내용을 분명히 하기 때문이다. 그래서 이야기가 딴 길로 새도 다시 궤도를 수정할 수 있다. 주제를 의식해 각도를 바꾼 직접적인 질문으로 시청자도 '그렇구나!'라며 무릎을 칠 만한 답변을 이끌어낸다.

배우 사사이 에이스케(篠井英介)가 초대손님으로 나왔을 때를 예로 들어보자. 그녀의 말하기를 인용하고 필자의 해설을 덧붙여 봤다.

구로야나기	무대 위에서는 아름다운 역을 맡지만, 드라마에서는 신비하고 비밀이 많은 역할을 주로 맡으시네요? ⇦ 주제를 넓게 제시한다
사사이	이 무대는 사드 공작부인 때예요.
구로야나기	여자보다 예쁘잖아요!(웃음) ⇦ 주제로 이어질 중요한 키워드를 전한다

…(중략)…

구로야나기	이건요?
사사이	배 나온 아저씨 세 명이 여자 역을 연기했죠.
구로야나기	공연 제목이 〈세 이웃 찻집 부인회〉라고 해서 꼭 찻집에서 공연하지는 않네요.
사사이	그렇죠. 꼭 찻집에서 공연하는 건 아닙니다.
구로야나기	호호, 어쩌다 여자 역을 하게 됐어요? ⇦ 주제에 관한 이야기로 돌아간다

…(중략)…

| 구로야나기 | 꽤 다양한 일을 하시네요. 그런데 남자로서 여자를 연기한다는 것은 어떤가요? ⇦ 직접적으로 질문한다 |
| 사사이 | 연기란 관객의 상상력이 뒷받침되는 예술이라고 생각해요. 그 상상력을 믿고 저희 같은 남자도 여자 역을 연기할 수 있습니다. ⇦ 주제와 직결된 답을 얻어낸다 |

동양에서는 옛날부터 직접적으로 묻거나 이야기 도중 끊는 것을 예의에 어긋난다고 생각했다. 그런 만큼 질문 자체가 모호해져서 이야기가 중간에 끊어지는 경향이 있다. 하

지만 앞에서 예를 든 테츠코 식 '주제에 대해 직접적으로 질문하고, 어긋난 경우 적절히 끊어 다시 끌어오는' 화법은 상대에게서 주제와 직결된 답을 끌어낼 수 있을 뿐만 아니라, 주제를 벗어나지 않는 효과가 뛰어난 대화 방법이다.

한국에서 '주제를 의식하며 이야기하기'의 달인을 찾는다면, 손석희 교수를 들 수 있다. 현재는 하차했지만, MBC의 〈100분 토론〉을 진행할 당시 다른 방향으로 샐 수도 있는 토론을 다시 본래의 주제로 돌아오도록 하는 데 일가견이 있었다. 2009년 8월 6일, 모 회사의 정리해고와 노사갈등 사태에 비춰본 대한민국 노사관계에 대한 토론 장면을 예로 들어보자.

…(상략)…
(노조 측 대변인이 공적자금 투입에 대한 얘기를 꺼내자)
손 교수　공적자금에 대한 얘기가 나왔는데, 쉬운 문제는 아니라고 봅니다. (반대편 패널로 나온 경제학 교수에게) A 교수님, 이에 대해 의견 말씀해주시죠.

…(중략)…

(패널들의 언성이 높아지고, 토론 주제에서 벗어나자)

손 교수　잠깐 정리하도록 하겠습니다. 현재 공적자금 얘기가 나오다가 이야기가 잠시 다른 쪽으로 번졌습니다. 토론 도중 잠시 공적자금의 전제조건에 대한 이야기가 언급됐는데, 이에 대해…

…(중략)…

(한 패널의 발언 도중 다른 사람이 끼어들면서 중구난방식의 토론으로 흘러가려 하자)

손 교수　잠시 정리하겠습니다. 이미 정리해고 문제는 노사 간의 협의가 끝났고, 다시 번복할 수도 없는 안건이지 않습니까? 이제 당장 내일부터 어떻게 해야 할 것인가가 중요한 문제인데요. 오늘 토론 또한 이번 사태로 본 우리나라 노사관계의 현실과 개선점에 대해 논의해보고자 마련된 자리입니다. 이 문제에 대해…

…(하략)…

100분이라는 시간 안에 여러 사람의 의견을 공평하게 듣고 정리하려면 토론이 다른 방향으로 새는 것을 방지해야 한다. 그렇기 때문에 주제에서 어긋나는 의견은 가차 없이 끊고 토론을 다시 주제로 끌어오는 것이 손석희 교수의 진행 방식이었다.

항목을 써서 도식화한다

흩어진 화제에서 키워드를 찾아라

사람들의 이야기를 듣다 보면, 이야기 하나하나는 재밌지만 전체적으로 줄거리나 맥락이 없는 경우가 많다.

기획서를 작성할 때 자주 쓰는 파워포인트가 좋은 예이다. 잘못 만든 기획서를 보면 간혹 각 슬라이드는 재미있지만, 전체적인 줄거리는 없을 때가 많다. 이럴 때는 슬라이드의 내용이 각자 따로 노는 식이 되어버려서 결국 무슨 말을 하고 싶었는지 불분명해진다.

이를 대화라고 본다면, 각 화제가 따로따로 흩어진 상태에서 상대와 주고받으면서 이야기를 진행해야 하기 때문에 웬만큼 신경 쓰지 않는 한 대화는 엉뚱한 방향으로 향하고 만다.

이때 효과적인 방법이 '도식화'다. 도식화라고 해서 복잡하게 얽히고설킨 것은 아니다. 대화 중에 충분히 사용할 수 있을 정도로 단순한 방법이다.

실제로 방법은 무척 간단하다. 대화 중에 나온 말을 항목으로 써서 그것을 보고, 주제에 어울리는 항목을 선택해 키워드로 정리하면 된다.

항목을 선택해서 정리하라

내가 회의 때 자주 쓰는 도식을 소개하겠다. 예를 들어 영업회의에서 "왜 상담 건수가 목표치에 미치지 못했는가?"라고 질문하면 다양한 대답이 돌아온다.

"담당자가 바쁘다고 거절했습니다."

"담당자가 쉬는 날이었습니다."

"상담을 했는데 전혀 필요 없다고 거절했습니다."

"제가 바빠서 다음 주로 미뤘습니다. 죄송합니다."

"상담 예약을 깜빡했습니다."

"상담을 부탁했더니 '지금은 됐다'고 했습니다."

우선, 이 의견들을 화이트보드에 쓴다. 이때 중요한 것은 의견 자체가 아니라 항목으로 쓰는 것이다. '왜 상담 약속을 못 잡았는가?'라는 주제에 대해 그 항목 중에 취사선택해서 정리한다.

이 연습을 꾸준히 하면 저절로 '주제를 의식'할 수 있게 될 것이다.

왜 상담을 잡지 못했는가?
담당자 바쁨
상담 예약 깜빡
담당자가 휴일
본인이 바쁨
물리적인 이유
상담 예약 재도전
전혀 필요 없다
지금은 됐다
상담 예약 시 말하는 내용이 문제
상담 예약 연습
정리해서 해설한다

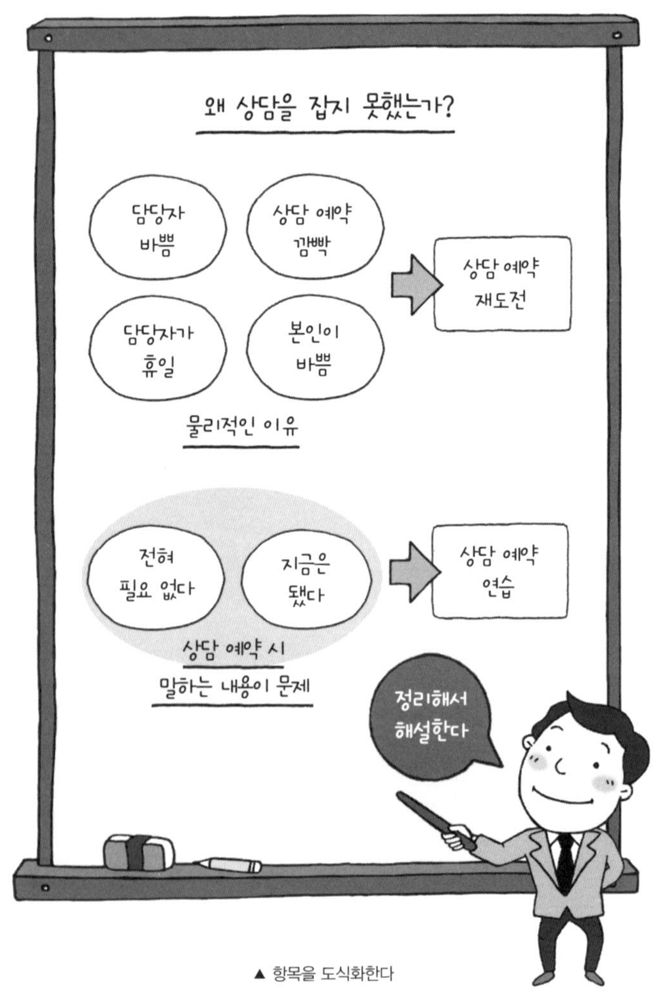

▲ 항목을 도식화한다

2 듣는 사람
생각도 좀 하시오!

핵심 맞장구만 잘 쳐도 대화는 화기애애

'듣기'가 '말하기'보다 열 배는 힘들다

사람은 대부분 남의 이야기를 듣는 것보다 자기 이야기를 하는 쪽을 더 좋아한다. 즉, 사람은 누구나 인정받기를 원하고, 다른 사람이 자신을 알아주기를 바라며, 나아가 스스로를 표현하고 싶어 한다.

이런 탓에 '듣기'가 '말하기'에 비해 수동적이고 더 쉽다고 생각할 수도 있다. 그러나 진지하게 이야기를 들어보면, 말할 때보다 훨씬 많은 에너지를 소모하게 된다.

내 경험을 예로 들겠다.

나는 사장이지만, 책상머리에 앉아서 서류나 모니터를 보기보다는 주로 세미나 강사로서 고객을 상대한다. 세미나라고 하면 기껏해야 두 시간 정도로 생각하겠지만, 그렇지 않다. 8시간 동안 이어지는 일이 예사이다 보니, 그 모습을 본 고객이 때때로 이런 말을 한다.

"8시간이나 쉬지 않고 이야기하는데, 용케 안 지치네요."

확실히 종종 목이 쉬기도 하고, 쭉 서서 이야기하다 보니 육체적으로 피로하다는 건 부정할 수 없다. 역시 말하기란 상당히 피곤한 작업이긴 하다. 하지만 듣는 일이 훨씬 힘들다는 것을 나는 경험을 통해 알게 됐다.

대화의 재미는 '듣는 사람'이 좌우한다

세미나 강사는 새로운 지식과 정보를 받아들여야 하는 직업이기 때문에, 다른 사람의 세미나를 들을 때도 많다. 덕분에 '말하기'와 '듣기' 양쪽을 모두 자주 체험하면서 알게 된 사실이 있다. 바로, 막상 연수를 받는 입장에서 오로지 강사의 말에만 귀를 기울이고 있기란 상당히 힘들다는 것이다. 온 신경을 집중해서 들어서인지 강의가 끝나면 파김치가 되고 만다. 솔직히 말하자면, 말하기보다 듣기가 훨씬 힘들다는 걸 실감했다.

이 사실을 모르면, 고객 앞에서 무심코 혼자 계속 말하게 된다. 자사 이야기, 상품의 특징, 나아가서는 사적인 이야기까지 일방적으로 떠들어대면 듣는 고객은 질려버린다.

지금까지의 경험에 비추어보면, 영업을 잘하는 사람일수록 말이 많지 않다. 오히려 자신이 아니라 고객이 이야기하게 만든다. 고객은 이야기하느라 신이 나서 많은 이야기를 하게 된다. 이 과정에서 고객에 대한 정보까지 덤으로 손에 넣는다. 이런 시나리오가 형성되는 것이다. 그 결과 고객은 '대화를 하고 났더니 마음이 가벼워졌다'거나 '이야기하는 동안 기운이 생겼어'라고 느낀다. 영업사원으로서는 '듣기'만 잘해도 고객의 마음을 사고 실적까지 올릴 수 있으니, 그야말로 일석이조다.

생명보험은 차별화하기 어려운 상품인데, 어느 여성 보험 판매원이 "고객이 꼭 저한테 보험을 들고 싶대요"라며 감격하는 걸 본 적이 있다. 물건을 사고파는 주체가 사람인 이상, 사실 '상품'보다 '사람'의 차이로 판매도가 좌우되고, 그 차이는 얼마나 잘 듣는지가 판가름한다.

영업 실적이 나쁜 사람일수록 장시간 자기 말만 하고, 고객은 계속 듣기만 하는 일이 많다. 이런 방식으로는 고객에 대한 정보도 얻을 수 없다.

여기서 확실히 해두고 싶은 점은 듣는 사람이 대화의 분위기와 폭, 깊이를 좌우한다는 사실이다. 다시 말해, 잘 들어주는 사람과 대화하면 분위기가 좋아지고 화젯거리도 늘어나며, 이야기에 깊이가 생긴다.

무반응 게임

그렇다면 어떻게 해야 상대가 '이 사람이 내 이야기를 잘 들어주는구나!'라고 느끼게 될까?

바로 맞장구를 치거나 고개를 끄덕이고, 눈을 반짝이며 쳐다보는 등의 반응을 보이는 것으로 '당신 이야기는 재밌어요, 나는 당신 이야기를 제대로 듣고 있어요'라는 마음을 상대에게 전할 수 있다. 이런 반응이 없으면 아무리 집중해서 들어도 상대에게는 전해지지 않는다.

실제로 맞장구나 끄덕임이 거의 없으면 나도 '이 사람이 내 이야기를 정말 듣고 있는 걸까?' 또는 '저 사람은 이야기에 전혀 관심이 없나 본데'라는 식으로 추측한다. 심한 경우에는 '뭐야, 나를 무시하는 건가?'라는 생각이 들어, 말할 기력을 잃기도 한다.

나는 커뮤니케이션 연수에서 종종 '무반응 게임'이라는 것을 한다. 게임의 규칙은 간단하다. 두 사람이 짝을 이루어 한 사람은 말하고 다른 한 사람은 그 이야기를 듣는다. 단, 듣는 사람은 상대가 무슨 말을 하든 아무 반응을 하지 않는다. 이게 핵심이다.

막상 게임을 해보면, '듣는 사람이 무표정으로 일관하는 게 규칙'이라는 걸 알아도, 말하는 사람은 20초 정도면 말하기를 포기한다. 말을 계속 이어가지 못하고 "못하겠어요"라며 두 손 두 발 들고 만다.

이 게임을 직접 해본 참가자들은 듣는 쪽의 반응을 바탕으로 대화가 성립한다는 사실을 실감했다고 소감을 말한다.

갑작스럽지만 질문을 하나 해보자. '사랑'의 반대가 무엇인지 아는가? '미움'일까? 아니다. 바로 '무관심'이다.

사람은 무관심 속에 방치되면 기력을 잃고 아무것도 못한다. 반대로 관심을 갖고 다가오는 상대와는 기분 좋게 이야기할 수 있다.

그렇다면 '맞장구'와 '고개 끄덕이기'를 어떤 타이밍에 하는 것이 더 효과적인지를 설명하겠다.

반응은 알맞은 속도로

대화의 분위기가 무르익으려면 적절한 속도로 반응하

는 것이 중요하다. 상대의 이야기에 맞장구를 치는 타이밍이 중요하다는 말이다. 이때 상대의 말을 끊으면 안 된다는 것이 기본 원칙이다. 이 점을 의식하면 반사적으로 반응할 수 있다.

A군　어제 거래처 가는 길에 우연히 고등학교 동창이랑 마주쳤어.

B군　오, 그래? 그런데 알아봤어? 기억력 좋네.

A군　서로 얼굴은 대충 기억하는데, 정확하게 누군지는 기억 안 나서….

B군　하하하, 난감했겠다.

A군　'S고등학교 …'까지는 서로 말했는데 이름이 안 나와서….

B군　아, 민망했겠는데?

A군　그런데 그 녀석 완전히 아저씨가 다 됐더라고.

B군　하하, 그쪽도 너를 보고 그렇게 생각했을걸?

만약 B가 2초 정도 간격을 두고 반응했다면 어떨까?

B군　… 오, 그래? 기억력 좋네.

B군　… 아, 난감했겠다.

이렇게 되면 A는 짜증이 날 것이고, 대화도 제대로 이어지지 않는다. 대화에서 2초는 생각보다 길기 때문이다. 찹쌀떡을 반죽할 때 반죽하는 사람이 타이밍을 맞추지 않으면 절구질을 하는 사람은 절굿공이를 찧을 수 없는 것과 마찬가지다. 무슨 일이든 타이밍을 맞추는 것이 중요하다.

만약 중요한 상담에서 반응이 조금만 늦어도 '응? 이 사람 무슨 말인지 이해했나?' 하는 의심이 든다. 말하는 사람은 듣는 사람의 반응을 보고 상대방이 이해를 했는지 못 했는지 추측하기 때문이다.

적절한 속도로 맞장구를 치면 대화의 분위기가 무르익는다. 아무리 여럿이라도 그냥 들어 올리면 못 드는 물건을, 기운찬 구호와 함께 박자를 맞춰서 들면 손쉽게 들어 올릴 수 있다. 이처럼 적절한 타이밍에 맞장구를 치면 이야기하는 사람도 점점 의욕이 생긴다.

질문 형식의 맞장구

맞장구를 치는 방법에는 다음과 같은 종류가 있다.

1. 이해를 나타내는 맞장구

　　예) 그러니까 ×× 말이죠?

2. '듣고 있어요'라는 맞장구

　　예) 맞아 / 응 / 어 / 그래

3. 동의를 나타내는 맞장구

　　예) 역시 / 그렇군요 / 확실히 그래요

4. 부정을 나타내는 맞장구

　　예) 아니 / 에이, 아닐걸?

5. 감정을 나타내는 맞장구

　　예) 오! / 우와, 대단하다! / 깜짝 놀랐어

이 중에서도 특히 대화 내용을 깊게 하거나 넓히는 맞장구가 있다. 무엇이라고 생각하는가?

바로 1번, '이해를 나타내는 맞장구'다. "~라는 건 ××라는 말이에요?"라는 식으로 간단한 질문 형식으로 맞장구를 치는 것이다. 단순한 방법이지만 이것만으로도 대화는 훨씬 깊어진다.

긍정이나 부정으로 끝내지 말고, 조금만 더 파고들어 "그래서 어떻게 됐어?"라는 질문 형식이나 "우와, 동창생이랑 딱 마주쳤구나"처럼 상대가 한 말을 반복하는 것이다. 단순한 맞장구를 치는 것보다는 이렇게 하는 편이 훨씬 이야기에 관심을 갖고 이해하면서 듣는다는 인상을 준다.

그렇다면 앞의 예에 질문과 반복을 넣으면 느낌이 어떻게 달라지는지 비교해보자.

A군　어제 거래처 가는 길에 우연히 고등학교 동창이랑 마주쳤어.

B군　오, 고등학교 동창이라니 반가웠겠다. ⇦ 상대의 말을 반복한다

A군　서로 얼굴은 대충 기억하는데, 정확하게 누군지는 기억 안 나서….

B군　하하하, 그래서 생각났어? ⇦ 질문 형식으로 맞장구를 친다

A군   'S고등학교 …'까지는 서로 말했는데 이름이 안 나와서….

B군   아, 학교는 기억나도 이름이 안 떠올랐구나. ⇦ 상대의 말을 반복한다

A군   그런데 그 녀석 완전히 아저씨가 다 됐더라고.

B군   하하, 그쪽도 너를 보고 그렇게 생각했을걸?

이 대화를 살펴보면 B는 상대가 한 말을 일부는 질문 형식으로 바꿨지만 나머지는 거의 그대로 따라 했을 뿐이다. 하지만 앞의 대화와 비교했을 때 내용이 한층 깊어졌다. 실제 상황이라면, A도 더 많은 이야기를 했을 것이다. 이처럼 내용을 깊게 하는 맞장구를 칠 수 있으면 듣기 실력이 상급이라고 할 수 있다.

우선 2~5까지 기초적인 맞장구를 의식적으로 몸에 익히자. 그것이 가능해지면 다음은 상대의 말을 반복하거나 질문 형식으로 살짝 바꾸는 등 '수준 높은 맞장구'를 의식적으로 사용한다. 스스로 놀랄 만큼 대화가 매끄러워지고 깊어질 것이다.

 # 묻고, 반복하고, 쉴 틈 없이 맞장구친다

적절한 속도와 내용을 깊게 하는 맞장구로 성공한 사람이 탤런트 고사카이 가즈키(小堺一機)다. 특유의 따발총처럼 빠른 속도보다도, 상대의 말을 끊지 않고 고작 2, 3초 안에 간결하고 정확한 말로 '이야기의 내용을 깊게 하는 것'이야말로 고사카이 식 말하기의 진면목이다. 그 실제 사례를 소개하겠다.

(초대손님 M씨가 유료 주차장에 차를 주차하고는 깜빡해서 무려 9일분인 16만 엔을 주차비로 내게 됐다는 이야기에서)

초대손님　전 한 가지에 빠지면 다른 건 다 잊어버리는 체질이거든요. 한 번은 연습 끝나고 주차장에 차를 세워둔 채로 택시를 타고 집에 가서, 그대로 계속 내버려뒀더니 주차장 주인이 경찰에 신고했다나 봐요.

고사카이　경찰에요? ⇐ 상대의 이야기를 반복한다

초대손님　그래서 경찰에서 연락이 왔어요.

고사카이　9일 동안이나 생각이 안 난 거군요? ⇐ 방향을 전환한다

초대손님　그렇죠. 그래서….

고사카이는 이야기를 깊게 하기 위해 "경찰에요?"라고 반복했다. 하지만 M씨가 "그래서 경찰에서 연락이 왔어요"라며 이야기의 진도를 전혀 나가지 않자 "9일 동안이나 생각이 안 났네요"라고 '9일 동안' 쪽으로 방향을 전환했다. 그 결과 M씨로부터 새로운 화제를 끌어내는 데 성공했다.

다른 예를 하나 더 들어보겠다.

(초대손님 S씨가 기르는 고양이 이야기)

초대손님 지금은 네 마리지만, 예전에 많이 기를 땐 여덟 마리였어요. 그런데 몇 마리는 지금은 하늘나라에 갔어요. 지금 기르는 고양이 중에 제일 오래 산 녀석이 스무 살인데…

고사카이 와, 여자애예요, 남자애예요? ⇐ 이야기 속에 없는 '뜻밖의 질문'을 던졌다

여기서 "스무 살이요?"라고 맞장구를 쳐도 괜찮았겠지만, 그러면 "네, 스무 살이요"라는 대답만 듣고 끝났을 가능성이 크다. 그래서 "여자애예요? 남자애예요?"라는, S씨가 이야기한 적 없는 뜻밖의 질문으로 바꾸었다. 그것도 "암놈이에요, 수놈이에요?"라고 묻지 않고, "여자애예요, 남자애

예요?”라고 표현해 고양이를 향한 S씨의 애정을 자극했다.

즉, ‘당신과 같은 시선으로(같은 기분으로) 이야기하고 있어요’라는 마음을 보내는 것이다.

‘이야기를 듣고 싶어서 참을 수 없다!’는 느낌의 맞장구

이 대화를 실제로 들어보면, 고사카이는 “맞아, 맞아”라거나 “와, 그렇군요” 등의 평범한 맞장구도 잘 치는데, 그 속도가 놀라울 정도로 빠르다. 마치 따발총을 쏘듯이 맞장구를 쳐서, 분위기가 확확 달아오른다.

이는 ‘듣고 싶어서 참을 수 없다’라는 마음을 풀풀 풍기며 맞장구를 치기 때문이다. 평범한 속도로 맞장구치면 김빠질 것 같은 이야기인데, 맞장구의 속도와 타이밍만으로 이렇게 달라질 수 있다는 사실에 나도 놀랐다. 거기다 흥미를 갖고 들어서인지 ‘9일 동안이나’ 또는 ‘여자애예요, 남자애예요?’라는 식의 질문으로 상대와 같은 분위기를 탄다.

한국에서 이와 유사한 사람의 예로는 MC 노홍철을 들 수 있겠다. 그는 처음 들을 때는 적응이 안 될 정도로 빠른 속도로 말을 하면서도, 상대방의 관심사에 자신도 관심을 보이면서 대화의 깊이를 더하는 질문을 한다. 다음은 노홍철이 진행하는 MBC 라디오 프로그램 〈친한 친구〉에서 고정 게스트와 나눈 대화이다.

(프로그램 개편 후 첫 방송에서 게스트가 과거에 즐겨듣던 라디오 프로그램을 이야기하는 장면에서)

게스트　고등학교 다닐 때는 〈×××〉랑 〈○○○〉를 매일 들었어요.

노홍철　우와, 〈×××〉랑 〈○○○〉를 좋아하셨구나.

게스트　네, 그렇죠.

노홍철　이번에 〈×××〉의 DJ가 Y씨로 바뀌는 거 알고 계세요?

게스트　네, 알고 있습니다. 아직 인사는 못 했네요. 그 전 DJ가 하차할 때…(하략)…

여기서 노홍철은 고사카이가 그랬던 것처럼 "〈×××〉랑 〈○○○〉를 좋아하셨구나"라고 반복했는데, 더 이상 진행되지 않자 "이번에 DJ가 Y씨로 바뀌는 거 알고 계세요?"라

고 이야기의 방향을 전환했다. 그래서 게스트로부터 새로
운 화제를 끌어내는 데 성공했다.

(앞의 사례에 이어서)

노홍철   〈○○○〉도 진행자가 바뀌었는데, 혹시 서운한가요?

게스트   아니요, 그런 건 아니고 …(중략)… DJ마다 진행 방식이 다르잖아
요. 그러니까 각 진행자마다 프로그램 스타일도 달라지고, 그것도
매력인 거죠. 예전에 S씨가 할 때나, 또 그 전에…(중략)…

노홍철   와, 그렇게 꿰고 있는 걸 보니 라디오를 굉장히 좋아하시는군요?

여기서는 단순 맞장구가 아니라 "라디오를 굉장히 좋아
하시는군요?"라고 질문을 바꾸었다. 그것도 '꿰고 있다'는
말을 함으로써 라디오 애청자인 게스트의 자부심을 살려
주어 대화가 활기를 띠게 만든다.

텔레비전 예능 프로그램이나 토크쇼, 라디
오 등은 사회자와 초대손님이 캐치볼
처럼 주고받는 대화가 전부다. 사회자
의 말솜씨가 부족하면 이야기가 매끄
럽게 이어지지 않는다.

사회자나 진행자에 대한 호감도는 일단 제쳐놓고, 장수 프로그램은 거의 대부분 '진행자의 화술'로 유지된다. 특히 진행자들이 맞장구를 잘 친다는 공통점이 있다. 그런 점에서 텔레비전이나 라디오의 토크쇼를 유심히 보면 새로운 방법을 발견할 수 있을지도 모른다.

연습 깊이 있고 폭넓게 만드는 질문 기술

질문 형식을 정해두자

앞서 나온 고사카이나 노홍철의 사례에서 알 수 있듯이, 듣기를 잘하려면 순발력 있게 질문 형식으로 반응하는 것이 중요하다. 그렇다고 해도 느닷없이 '딱 맞는 질문'을 하기란 어렵다. 이때 추천하는 방법이 질문의 형식을 미리 정해두는 것이다. 질문에는 크게 두 종류가 있다.

1. 내용을 깊게 하는 질문 : 구체적으로 질문해서 내용을 깊게 파고든다.

2. 내용을 넓게 하는 질문 : '왜? 어째서?' 등 이유와 배
   경을 묻는다.

이 두 가지 형식이 있다는 사실을 사전에 머릿속에 넣어
둔다. 예컨대 동료가 "어제 Y사의 K씨랑 밥 먹었어"라고 했
다고 치자. 물론 "음, 그래?"와 같은 김새는 반응을 보인다
면 이야기는 그대로 끝나버린다. 이렇게 해보자.

"우와, K씨랑 무슨 이야기했어?"

이렇게 직접적이고 구체적으로 내용을 묻는 것이 '내용
을 깊게 하는 질문'이다. 반면, 같은 상황이라도 이렇게 물
을 수도 있다.

"Y사는 우리 회사랑 거래가 없는데, K씨와는 어떻게 만
났어?"

이렇게 주변 이야기를 물으면 '내용을 넓게 하는 질문'으
로 빠르게 바뀐다.

그렇다면 같은 상황에서 다음에 나열한 질문 형식의 대
답은 어떤 유형일까? 답을 맞춰보자.

① "K씨는 어떤 사람이야?"

② "K씨랑 무척 오랜만에 만나는 거 아냐? 어떻게 다시 만

난 거야?"

답은 간단하다. ①은 '내용을 깊게 하는 질문'이고, ②는 '내용을 넓게 하는 질문'이다. 이런 식으로 의식해서 나누어 써보면, 질문도 점점 더 많이 만들 수 있다. 만약 깊이 있는 이야기를 할 지식이 없다면 내용을 넓게 하는 질문을 주로 하면 된다.

질문할 때의 주의점

앞서 언급한 두 종류의 질문을 쓸 때는 주의가 필요하다. 먼저 내용을 깊게 하는 질문을 너무 자주 쓰면 상대 쪽에서 무례하다는 인상을 받을 수 있다. 특히 사적인 내용에 대해서는 주의가 필요하다.

"K씨는 남자예요, 여자예요?"

"K씨와는 얼마나 자주 만나요?"

"K씨와는 개인적인 이야기도 나눠요?"

이런 식으로 관계에 대해 꼬치꼬치 질문하면 상대는 '좀 적당히 하지'하고 질려버릴 수도 있다. 상대와 자신의 관계를 생각해서 어느 정도로 깊게 들어갈 것인지를 결정해야 한다.

내용을 넓게 하는 질문을 잘못 사용하거나 너무 자주 하면 이야기가 산만해지기 쉽다. 그러므로 이야기를 넓혀가면서 그중 재밌다거나 관심이 가는 화제를 찾았을 때, 거기서 약간 깊이 들어가는 질문으로 바꾸는 것이 좋다. 만약 상담 상황에서라면 '스킬 1'을 잊지 말고, '주제를 의식'하면서 '깊게+넓게' 하는 질문을 적절히 던지면 된다.

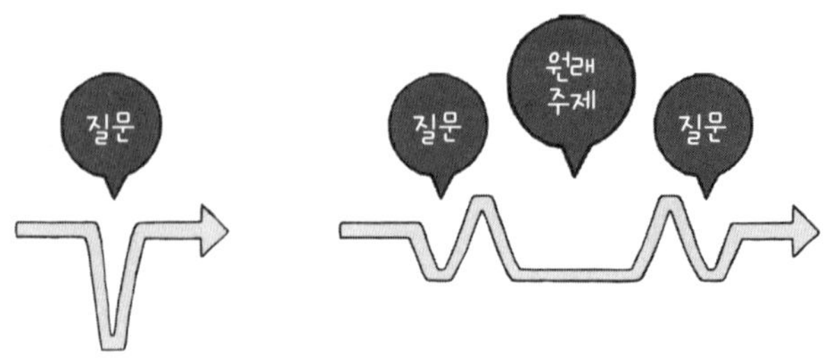

▲ 깊이 파고드는 질문, 넓히는 질문을 나누어 쓴다

　이처럼 질문의 종류를 의식하면서 남의 이야기를 듣는 연습은 회식자리에서 마음 편히 해보면 효과적이다. 이때 주의할 점은 순간적으로 반응해야 한다는 것이다. 연습 초기에는 '오늘은 이 형식의 질문을 하자'라고 미리 정해두면 좋다.

3 말을 '많이' 한다고 '잘'하는 것은 아니다

핵심 대화에도 가지치기가 필요하다

'하려는 말이 뭔데요?'라고 물어라

직장인을 대상으로 연수할 때, 듣는 사람이 이해하기 어려운 이야기 방법의 예로 다음과 같은 것들을 자주 든다.

- 결론이 분명하지 않다

- 표현이 애매하다

- 이야기 내용이 계속 바뀐다(요지가 샛길로 샌다)

- 질문에 확실하게 대답하지 않는다

- 중요한 내용과 사소한 내용이 뒤죽박죽이다

이 문제점들은 모두 머리에 정보가 정리되지 않아서 생기는 것이다. 가장 하고 싶은 말도 생각하지 않고 일단 말부터 꺼내기 때문에 결국 수습할 수 없는 상황에 이른다.

서양 문화에서는 "그래서 무슨 말이 하고 싶어요?"라고 중간에 말을 끊기도 하지만, 동양에서는 대부분 끝까지 참고 듣는다. 그래서 '이야기 방법의 문제점'을 스스로 깨닫기 어렵다.

설명을 잘못하면 느낌이 반대로 전해진다

그렇다면 '머리에 정보가 정리되지 않은' 상황에서 '상대방이 이해하기 쉬운' 상황으로 바꾸려면 어떻게 해야 할까? 우리 회사에서 연수 성과를 고객 기업의 인사 담당자에게 보고하는 상황을 예로 들어보겠다.

 지난번 우리 회사에서 시행한 연수의 평가입니다. 연수 자체는 좋
았지만 이후 적절한 뒷받침이 따르지 못해서 평가가 나빠진 것 같
습니다.

실제로 연수 평판은 좋았다. 그러나 이런 식으로 말하면
고객은 '연수가 별로 효과 없었나?'라고 받아들인다. 이는
핵심을 정리하지 않은 채 보고했기 때문에 실제와 정반대
의 분위기가 전해진 것이다.

핵심을 뽑아내 설명한다

이럴 때는 이야기를 살짝 가공해야 한다. '상대에게 무엇을 전하고 싶은지'와 '그것을 효과적으로 전하려면 어떻게 해야 좋을지'를 생각해서 핵심을 뽑아내는 것이다. 예를 들어 앞에서 말한 연수 보고를 내가 한다면 이렇게 하겠다.

① 연수는 좋았다

② 모두 연수에 대한 기대치가 높다

③ 사후 지원에 따라 그 결과는 더 좋아질 수 있다

이 3가지 핵심을 뽑아 긍정적으로 전달한다.

담당자　연수 평가는 무척 좋았습니다. 연수 결과, 모두 기대치가 올라가서 전과 같은 연수 내용으로는 기대치에 못 미칠 정도입니다. 그러니 연수 이후로도 지원을 통해서 그 기대에 보답하기 바랍니다.

경험상으로 볼 때, 영업 현장에서 핵심을 도출하지 못하다 보니 설명이 제대로 되지 않아 상대가 오해하는 문제가 많았다. 또한 보고 방법이 잘못된 탓에 상품이 안 팔리거나, 고객이 화가 나서 거래를 중지하는 등 피해가 컸다. 하지만 세상에 널린 수많은 문제점들은 대개 원인을 파악하면 해결책은 의외로 간단하다. 보고 방법이 잘못됐다면 고치면 되는 것이다. 어떻게 고칠 수 있을까? 사례를 살펴보도록 하자.

사례 상대의 입맛에 맞는 설명을 하라

'핵심 도출'에 대한 나의 사례를 예로 들겠다.

같은 상품을 다양한 고객에게 파는 방법

먼저 질문을 하나 던지겠다. 당신은 같은 상품을 각각 욕구가 다른 고객들에게 팔 수 있는가? 나는 직업상 많은 영업사원과 상담을 하는데, 그들이 대부분 상대가 누구든지 '항상 같은 방식으로' 말한다는 사실에 깜짝 놀랐다. 하지만 상대의 욕구에 따라 상품의 판매 방법과 설명을 바꾸지 않으면 팔 수 있는 것도 못 판다. 물론 설명하는 내용은 같아도 상관없다. 내가 하고 싶은 말은, 상대에 따라 설명의 핵심을 바꾸지 않으면 고객과 거리감이 생긴다는 것이다.

우리 회사의 프로그램 중에는 '로지컬 커뮤니케이션'이라는 연수 주제가 있다. 이에 대한 정형화된 영업 상담 내용은 다음과 같다.

영업사원　이 상품은 로지컬 커뮤니케이션 연수입니다. 이는 아우트라인화 기법으로 정보를 정리하는 것입니다. 사람은 머릿속을 정리하지 않으면 이해하기 쉽게 말할 수 없습니다. …(하략)…

이런 경우, 실제로는 반드시 필요한 연수임에도 불구하고 다음과 같은 반응이 나올 수 있다.

A사　정보정리? 우리 회사에는 필요 없겠네. 우리는 '보고 · 연락 · 상담' 체계를 잡으려고 하니까.

B사　이해하기 쉽게 말하기? 우리 회사의 글로벌 플랜과는 아무 관련없네. 새삼스레 말하기 방법은 뭐….

이와 같이 '우리 회사가 원하는 연수 내용이나 수준과 다르다'라고 거절당해 영업사원은 어깨를 늘어뜨리고 돌아오는 수밖에 없다. 거기다 '이상하네. 영업 상담 매뉴얼은 완벽하게 외웠는데…. 우리 회사 상품이 시대에 뒤떨어진 건가'라고 상품에 대한 자신감까지 사라질 수도 있다.

상담의 핵심을 고객의 욕구에 맞춰라

이런 문제를 해결하려면, '고객에 맞춰서 설명의 핵심을 다르게' 뽑아내야 한다. 만약 앞서의 영업 상담을 예로 들면, 상대방에 대해 다음과 같이 가정해서 핵심을 바꾼다.

- 보고, 연락, 상담을 원활하게 하려는 경우 ⇦ A사(社) 용

- 영업용인 경우

- 연수 강사인 경우

- 글로벌 커뮤니케이션 능력을 키우고 싶은 경우 ⇦ B사(社) 용

연수의 내용과 주제는 같아도, 일단 이렇게 상대에 맞춰 핵심을 다르게 하면 영업 상담의 내용은 물론 그 결과도 전혀 달라진다.

① 원활한 보고·연락·상담 체계를 원하는 기업

"원활한 업무는 원활한 보고·연락·상담에서 나옵니다. 그 중요성은 다들 알지만, 의외로 훈련은 제대로 되지 않은 게 대다수 기업의 현실이죠. 이 연수의 목적은 바로 이 보고·연락·상담 기술을 당장 써먹을 수 있도록 철저하게 훈련시키는 것입니다."

② 영업사원용 연수를 바라는 기업

"처음 상담하는 고객에게서 신용을 얻으려면 영업사원의 첫인상이 좋아야만 합니다. 그리고 첫인상은 그 사람의 분위기와 말하는 방법에 따라 결정되죠. 따라서 영업사원의 말솜씨가 매출을 좌우합니다. 우리 회사에서 바로 이런 영업사원을 위한 '말하기 훈련 과정'을 제공하고 있습니다."

③ 연수 강사용 연수를 찾는 기업

"강의는 당연히 내용이 중요하지만, 수강생의 동기부여, 집중력, 이해력을 좌우하는 더 큰 요소는 바로 강사의 말하기 방식입니다. 학생 때 들었던 강의를 한번 떠올려 보세요. 딱히 재미있었거나 집중해서 들었던 기억이 있나요? 전 한번도 없었는데, 이건 선생님이나 교수님들이 '매력적인 말하기'를 못했기 때문이라고 생각합니다. 연수도 강의와 마찬가지입니다. 결국 연수의 성과는 '강사가 얼마나 매력적으로 말하는가'에 달려 있습니다. 지금 소개하려는 프로그램은 전문 강사를 위한 말하기 훈련입니다."

④ 글로벌 커뮤니케이션 능력을 키우고 싶은 기업

"잘 아시겠지만 글로벌 사회는 언어와 종교, 문화 및 사상이 다른 사람들이 모입니다. 사실 거기서는 단순한 어학 실력보다 커뮤니케이션 능력이 훨씬 중요합니다. 지금 설명하는 '로지컬 커뮤니케이션'이 바로 그 열쇠를 쥐고 있습니다. 문화적 배경이 서로 다른 상대에게도 자기 의사를 분명하게 전달하는 능력을 키우는 데 이보다 좋은 프로그램은 없을 것입니다."

이런 식이다. 모두 같은 상품인데 설명의 핵심이 바뀐 것만으로 서로 욕구가 다른 기업에도 팔 수 있는 내용이 되었다.

나는 "상품 상담이나 연수 상담 내용이 항상 다르네요"라는 말을 자주 듣는데, 그 이유는 상대에 따라 뽑아내는 핵심이 다르기 때문이다. 사실 이야기에 담긴 내용 자체는 똑같다. 만약 내용 자체가 달라진다면 그것은 화술이 아닌 사기다.

‘욕구가 다르다 – 설명하는 핵심이 바뀐다 – 전하는 정보도 달라진다’. 이 방법을 알면 앞으로 아무리 많은 사람을 만나도 그들의 다양한 욕구에 맞춰 대화할 수 있을 것이다.

‘세 가지’를 찾아라

핵심을 뽑아내는 연습을 하려면 ‘핵심은 세 가지입니다’라는 문구를 기억하라. 이 말을 의식하다 보면 순간적으로 핵심을 뽑아내 이야기하기가 쉬워질 것이다.

또한 이야기의 핵심을 ‘세 가지’로 제한함으로써 스스로 정보를 정리한다. 게다가 ‘핵심은 세 가지, 핵심은 세 가지’라고 반복하다 보면 항상 핵심을 뽑아내는 방향으로 사고하게 되는데, 이 과정도 상당히 재미있다.

구체적인 연습 방법을 소개하겠다. 예를 들어 점심시간에 먹을 메뉴를 결정한다고 치자. 그때 자신이 그 메뉴로 결정한 이유를 세 가지 말해본다.

"오늘 점심은 돈가스를 먹자. 이유는 세 가지. 첫째, 아침을 걸렀더니 배가 너무 고파서 양이 많은 걸 먹고 싶다. 둘째, 어제는 생선요리를 먹었으니 오늘은 고기류를 먹고 싶다. 셋째, 오늘은 '×× 식당'에서 요일별 특선 요리로 돈가스를 싸게 파는 수요일이다. 이상, 세 가지 이유로 돈가스를 선택했다."

이런 식으로 일상적이고 쉬운 것부터 연습하다 보면 항상 세 가지 핵심을 찾는 습관이 들기 때문에 회의에서 갑자기 의견을 말하라고 요구해도 바로 이런 말이 튀어나온다.

"핵심은 세 가지입니다. 첫째….."

물론 이렇게 말해놓고 핵심을 찾지 못한다면 역효과가 날 수도 있지만, 숙달이 되면 곧바로 핵심을 찾을 수 있게 된다.

이처럼 먼저 대답하기 쉬운 주제를 골라 하루에도 여러 번 연습한다. 이때 중요한 순서대로 해보거나, 병렬적으로 생각하는 등 다양한 시도를 해보면 핵심을 찾기 쉬워진다.

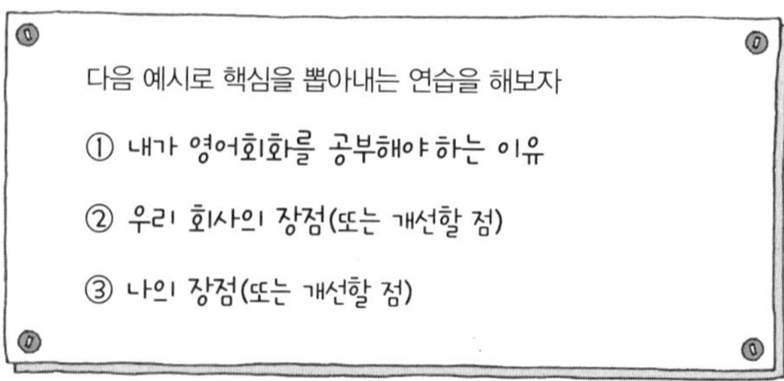

4 대화는 말로만 하는 것이 아니다

핵심 표정과 목소리를 잘 활용하라

커뮤니케이션은 말로만 하는 것이 아니다

아침에 출근할 때나 학교에 갈 때 버스나 지하철 안에서 사람들의 표정을 잘 관찰해보라. 사람들의 표정이 얼마나 부족한지 말이다.

사실 회사나 집에서도 별반 다르지 않다. 예를 들어, 아침에 동료들과 인사할 때나 누군가와 대화를 나눌 때 상대의 표정과 목소리를 살펴보라. 밝게 웃으며 대답하는 사람은 많지 않을 것이다. 심지어 마치 밝은 표

정을 지으면 큰일이라도 날 것 같은 얼굴로 대꾸하는 사람
도 있다. 서양 사람들은 아마도 동양인은 표정이 부족해 좋
은 건지 싫은 건지 도통 기분을 알기 어렵다고 생각할 것
이다.

왜 동양인은 표정이 부족할까?

그렇다면 어째서 이렇게 많은 사람이 표정이 부족할까?
아마 대부분은 애초에 이런 생각조차 해본 적이 없을 것
이다.

동양은 서양에 비해 각 나라들이 단일민족에 가까웠기
에 국민들의 문화적 배경이 거의 비슷했다. 즉,
공유하는 부분이 많아서 '척하면 착, 이
심전심'이라는 전제로 의사소통을
해올 수 있었다. 그 때문에 말하는
방법(억양, 강약 등)이나 표정을 어
떻게 활용할지 골머리를 앓지 않아도 나의
기분 정도는 상대가 충분히 파악할 수 있

었던 것이다.

만약 친한 친구를 만났는데, 그 친구가 조금이라도 언짢은 표정을 지으면 이런 생각이 들 것이다.

'어디 불편해 보이는데, 몸이 안 좋은가?'

'무슨 짜증나는 일이라도 있었나?'

'혹시 내가 무슨 실수라도 했나?'

이렇게 바로 상대의 상태를 깨닫고 그 원인을 찾으려 한다. 사소한 표정 변화를 잘 읽어낸다는 뜻이다. 그러나 여기에는 항상 전제조건이 있다. 바로 '공유하는 부분이 많은 사이'여야 한다. 친한 친구란 자주 같이 밥을 먹거나 놀러 다니고, 같은 경험을 쌓으면서 서로 사고방식이나 감각을 잘 이해하게 된다. 즉, 공유하는 부분이 많은 관계다. 그래서 사소한 표정의 차이도 쉽게 읽어낼 수 있는 것이다.

갈수록 어려워지는 커뮤니케이션

만약 공유하는 부분이 적은 사람이라면 상황이 달라진다. 실제로 처음 만난 사이에서는 그 사람의 표정만으로 기분이나 상태를 읽어내기란 쉽지 않다.

현대 사회에서는 이처럼 '공유하는 부분이 적은 사람'과 커뮤니케이션을 해야 하는 상황이 늘고 있다. 특히 비즈니스상에서는 국제화가 진행되어 외국인과의 커뮤니케이션 상황도 늘어났다. 심지어 같은 나라인데도 '공유하는 부분이 적은 사람'이 많아지고 있다. 사회가 다양화되면서 나이와 직업, 자라온 환경만 달라도 커뮤니케이션이 어려워졌기 때문이다.

표정으로 마음을 전하라

관리직 대상의 연수를 하면서 다음과 같은 질문을 종종 받았다.

"부하 직원을 보고 있으면 도대체 할 마음이 있는 건지 없는 건지 모르겠습니다. '열심히 하겠습니다'라고 대답은 곧잘 하는데, 행동을 보면 도저히 열심히 하는 것 같지 않거든요. 어떻게 가르치면 좋을까요?"

이는 부하 직원이 의욕은 있을 텐데 그 마음이 상사에게 전달되지 않은 것이다. 말했듯이, 공유하는 부분이 많지 않은 사이에서는 표정만으로 마음을 읽어내기란 그리 쉬운 일이 아니다.

이처럼 환경이 바뀌면서 서로 사소한 표정을 읽어내는 커뮤니케이션이 어려워졌다. 따라서 앞으로는 자기 마음을 표정으로 잘 전달하도록 노력해야 한다. 덧붙여 표정은 신뢰를 쌓고 인상을 결정하는 무척 중요한 요소다.

메라비언의 법칙

예전에 《사람은 분위기가 90%》(수희재, 2006)라는 책이 화제가 된 적이 있다. 그 안에서 '90%'의 근거로 삼은 것이 '메라비언의 법칙(The Law of Mehrabian : UCLA 커뮤니케이션 교수인 앨버트 메라비언이 1970년 발표한, 대화에서 시각과 청각적인 이미지가 언어보다 더 크게 작용한다는 이론 – 편집자 주)'이다.

이 법칙에 따르면 특히 첫인상은 대부분 시각정보와 청각정보에 의해 만들어진다. 즉, 표정과 말하는 방법으로 결정된다고 한다. 이는 표정이 부족하면 상대방은 '무슨 생각을 하는지 알기 어렵다'라고 생각하고, 표정이 딱딱하면 '완고하고 무서운 사람'이라는 인상을 준다는 뜻이다.

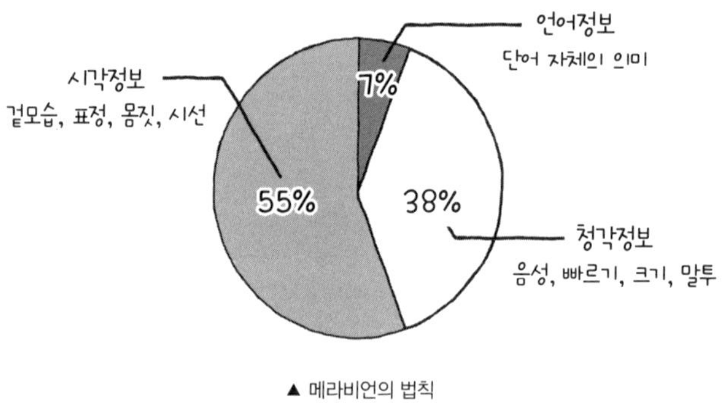

▲ 메라비언의 법칙

메라비언의 법칙을 통해 알 수 있는 사실은 말보다 먼저 서로의 표정을 읽으면서 커뮤니케이션이 시작된다는 것이다. 다시 말해 만약 스스로 자기 표정이 어떤지 전혀 신경 쓰지 않는다면 첫인상에서부터 손해를 본다는 뜻이다.

또한 표정은 사람의 인상을 결정하는 무척 중요한 요소이다. 더 돈독한 신뢰관계를 쌓기 위해서는 표정에 대한 의식을 바꿔야 한다.

인기 있는 남자들은 표정과 목소리가 다르다

여성들에게 가장 인기 있는 남자는 어떤 사람일까? 물론 연령대나 직업 등에 따라 다양한 대답이 나올 수 있겠지만, '재미있는 남자'는 항상 높은 순위를 차지한다. 재미있다는 말을 여러 가지 의미로 해석할 수 있겠지만, 일반적으로 '말을 잘하는 사람'을 의미한다고 봐도 무리가 없을 것이다. 그리고 '목소리 좋은 남자'도 높은 순위를 차지한다. 당장 인터넷 검색창에 '목소리 좋은 남자'라고 쳐보기만 해도 그 인기를 알 수 있을 것이다.

외모에서는 어떨까? 흔히 말하는 '꽃미남'의 요소에는 큰 눈이나 깨끗한 피부 등이 있겠지만, 그것만으로는 설명하기 어려운 점도 있다. 예를 들어, 소위 '살인 미소'라고도 하는 환한 미소를 빼놓을 수 없을 것이다. 주변에서 또는 연예인들 중에서 꽃미남이라고 불리는 사람들을 생각해보면 쉽게 알 수 있다. 그들은 대부분 화사하다고 할 정도로 환하게, 자주 웃는다. 즉, 표정 또한 외모와 인상에서 큰 비중을 차지하는 것이다.

 # 상대를 움직이는 '반응'

열심히 웃으면 상대에게도 마음이 전해진다

사회자로 활약하는 아카시야 산마(明石家さんま)는 호감도 순위 조사에서 오랫동안 빠짐없이 높은 순위에 올랐다. 그는 왜 호감도가 높을까? 외모가 멋져서? 살인 미소를 가져서? 아니면 목소리가 멋져서? 전부 다 좀 아닌 듯하다.

그렇다면 그의 특징은 무엇일까? 바로 '열성적인 표정과 목소리'라고 할 수 있다. 이야기 방법을 살펴보면, 사투리를 섞은 농담으로 초대손님을 웃기고 스스로 망가지는 모습이 자연스레 떠오른다.

또한 자세히 살펴보면 뜻밖의 면이 있다. "그러니까 ××란 말이죠?"라고 상대 이야기에 크게 반응하고, 공기를 들이마시는 것처럼 '히익, 히익!' 하는 독특한 소리로 자주 웃는다. 그것도 꼭 온몸을 비비 꼬며 의자나 탁자를 탕탕 두드리면서 말이다. 필사적일 정도로 열심히 웃는 모습을 보면 정말 수고한다는 느낌마저 든다.

재밌다는 느낌을 이 정도로 상대에게 표현하는 사람은 찾아보기 어렵다. 이토록 필사적으로 웃고 반응하는 모습을 보면 이야기하는 사람은 당연히 더 많은 말을 하고 싶어진다.

한국에서 이와 비슷한 사례로는 '국민 MC'라는 별칭이 있을 정도로 큰 인기를 끌고 있는 유재석을 들 수 있다. 그는 개구쟁이 같은 표정과 말투로 초대손님들을 편하게 해주고, 과하지 않은 자학을 통해 스스로 망가지기도 한다. 또한 "×× 씨, 정말 재밌는 분이네요"라며 상대 이야기에 잘 호응하고, 개구쟁이처럼 '아하하하하!' 하고 잘 웃는다.

이를 통해 사람들로부터 더 많은 이야기를 끌어낸다. 그래서 그가 진행하는 프로그램에 출연했을 때는 무척 재미있던 사람이 다른 프로그램에 나오면 재미없는 경우가 종종 있다.

자연스러운 미소와 목소리의 높이

그렇다면 상대까지 미소 짓게 하는 표정은 어떻게 지을까? 또한 기분 좋은 목소리란 어떤 목소리일까? 그 핵심을 소개하겠다.

우선 표정부터 설명하자면, '입가, 눈가, 눈썹'이라는 세 가지가 핵심이다.

먼저 입가는 입꼬리를 올린다. 즉, 입의 양쪽 끝을 끌어올리는 것이다. 억지로 웃음을 지으면 입 중앙이 같이 올라간다. 자신은 웃는다고 생각하겠지만 입 모양은 일자가 돼, 다른 사람이 보기에는 억지웃음인 게 티가 난다. 그러나 입꼬리를 끌어올리면 뺨 근육도 움직여 자연스러운 미소를 지을 수 있다.

다음으로 눈가는 '이야기를 제대로 듣는지 아닌지'를 보여주는 척도가 된다. 무리해서 미간에 주름을 만들면 역효과가 날 수도 있으니 거울을 보면서 연습하기 바란다.

마지막으로 눈썹은 '아하! 그렇구나'라고 말할 때처럼 상대의 이야기에 놀라거나 관심을 나타내며 눈을 크게 뜨고,

그에 따라 눈썹이 둥글게 위로 올라가게 된다. 이것만으로도 '당신의 이야기에 관심이 있습니다' 또는 '무척 흥미로운 이야기네요'라는 의미를 전달할 수 있다.

각각에 대해 다시 한 번 자세히 설명하겠다.

• 입가 : 입꼬리를 올린다

사람은 진심에서 우러나온 미소인지 아닌지, 적의가 있는지 없는지를 상대의 입가를 보고 순간적으로 판단한다. 동양인은 비교적 표정이 부족하기 때문에, 의식적으로 양쪽 입꼬리를 올려야 웃음이 제대로 전달된다.

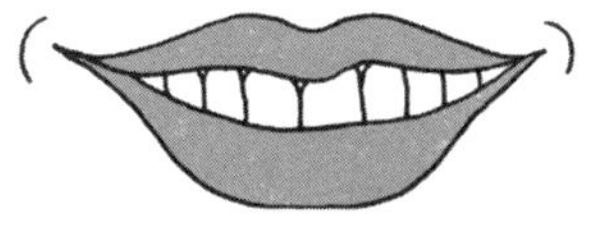

• 눈가 : 초승달 모양을 만든다

사람은 상대방이 이야기를 잘 듣는지 아닌지, 친근감을 가지고 있는지 아닌지 듣는 사람의 눈을 보고 추측한다. 초승 달 모양으로 만들 때 미간에 주름이 잡히면 역효과가 날 수 있으니 반드시 거울을 보면서 확인해야 한다.

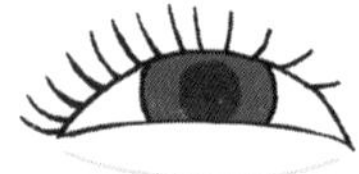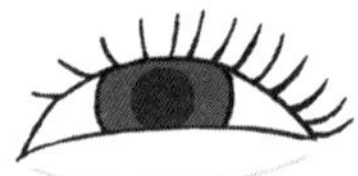

• 눈썹 : 위아래로 움직인다

표정에서 눈가와 입가가 중요하다는 사실은 누구나 알지 만, 눈썹의 중요성은 의식하지 못하는 경우가 의외로 많다. 그러나 눈썹의 움직임이 표정의 전체적인 분위기를 형성하 기 때문에 특히 신경 써야 한다. 눈썹을 위아래로 움직여 생 생한 감정을 표현할 수 있다. 이때 눈썹을 움직이라는 말은 결코 눈을 찡그리라는 뜻이 아니다.

표정에 이어 이번에는 이야기 방법으로 넘어가보자. 호감을 주는 이야기 방법에 있어서는 말의 빠르기, 억양, 목소리의 높이(톤)가 핵심 3요소라고 할 수 있다. 차분하게 보이고 싶을 때는 톤을 낮게, 명랑하게 보이고 싶을 때는 높게 내는데, '파'나 '솔' 정도의 음이 가장 듣기 편하다. 중요한 상황에서는 소리가 올라가면서 목소리 톤이 높아지는데, 상대가 듣기 불편할 수 있으니 타인 앞에서 말을 할 때는 '도레미파솔라, 파솔라, 파솔라…'를 속으로 외워두면 적당한 음으로 이야기를 시작할 수 있을 것이다.

또한 목소리의 높이는 전체적인 인상을 결정한다. 약간 낮은 톤으로 말하면 신뢰감을 줄 수 있다. 반면 사교성과 의욕을 나타내고 싶은 경우에는 높은 톤으로 말하는 것이 좋다.

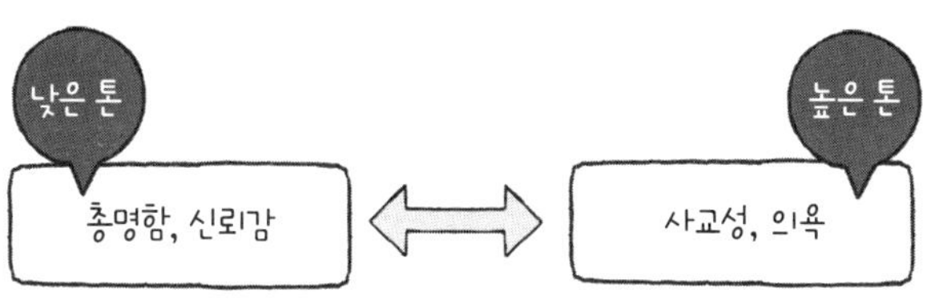

▲ 목소리가 인상을 결정한다

자신의 모습을 확인하라

표정과 목소리를 연습할 때는 비디오카메라와 녹음기를 활용하는 것이 가장 좋다.

찍고 녹음하라

나는 20대 때 녹음기로 내 말을 녹음해가며 연습했다. 당시는 비디오카메라가 많이 보급되기 전이라 녹음기를 활용할 수밖에 없었다. 이렇게 녹음을 해서 여러 번 들으면 객관적인 분석이 가능하다. '좀 거친 것 같은데? 목소리를 좀 더 부드럽게 내자'라고 생각하기도 했고, 내가 '음, 그러니까'라는 말을 버릇처럼 사용한다는 사실도 알게 됐다.

비디오카메라와 녹음기를 활용하는 단계는 말하자면 1단계다. 그 누가 봐도 꼭 고쳐야 하는 나쁜 점, 예를 들어 나의 경우처럼 '음, 그러니까'를 연발한다거나, 땅을 보고 말하는 버릇 등을 확인해야 한다.

다음으로 2단계는, 자신이 보기에 말을 잘하거나 듣기

편하게 말하는 사람과 비교해서 자신과의 차이를 하나하나 파악하는 방법이다. 나는 주위 사람에게 "유명한 라쿠고가(落語家 : '1인 만담'이라고 할 수 있는 라쿠고(落語)를 하는 사람 - 옮긴이 주)와 내가 말하는 방법의 차이가 뭘까?"라고 물었다. 혼자서 여러 역할을 맡고, 가만히 앉아 그저 목소리만으로 연기하는 라쿠고가에게 배울 점이 많다고 생각했기 때문이다.

자신이 말하는 모습이나 목소리의 느낌은 절대로 그냥 알 수는 없다. 좀 번거로워도 비디오카메라나 녹음기를 이용해 목소리를 들을 필요가 있는데, 처음에는 나 역시 무척 귀찮았다. 그러나 20대에 쌓은 이 훈련 덕분에 내가 말하는 방법의 문제점과 듣기 어려운 부분을 객관적으로 파악하고 수정할 수 있었다.

내 모습을 객관적으로 확인

나는 지금도 내 모습을 비디오카메라로 찍어서 확인하는데, 덕분에 이제는 연수회장의 음향 등에도 신경 쓸 수 있다. 예를 들어 연수회장의 설비, 참가자 수와 특징 등 다양한 조건을 생각하면서 목소리 크기나 빠르기 등을 조절할 수 있게 된 것이다.

연수의 인상과 분위기는 강사의 말하는 방법에 따라 결정되기 쉽다. 따라서 강연자라면 자기 목소리가 어떻게 들릴지에 대한 연구를 소홀히 해서는 안 된다.

지금은 비디오카메라가 보급되었으니 반드시 자기 모습을 찍어서 있는 그대로를 분석하기 바란다. 녹음도 휴대전화나 MP3 플레이어 등으로 쉽게 할 수 있다. 회장에 들어가기 전에 발성 연습을 하면서 목소리를 듣고, 소리가 새지 않는지 확인해야 한다. 그리고 많은 사람이 말끝을 흐리는 경향이 있는데, 말을 할 때 끝까지 명료하게 발음하면 인상이 달라진다. 더 당당하고 전문적이며, 자신 있는 모습으로 보이는 것이다.

말하는 모습을 비디오카메라에 녹화하여, 다음 표의 체크 사항을 확인해보자. 현재의 자신이 어떻게 말하는지, 문제가 무엇인지 명확히 알게 될 것이다.

체크리스트

표정   예 아니오

① 시선을 맞추는가?

② 상대 이야기를 들을 때도 미소를 유지하는가?

③ 미소가 자연스러운가?

   (억지로 짓지 않고, 너무 과장하지 않는다)

④ 표정으로 반응을 확실히 표현하는가?

   (놀랐을 때, 공감했을 때 등)

발성   예 아니오

① 목소리가 너무 높거나 낮지 않아 듣기 편한가?

② 고개를 끄덕이고 맞장구를 칠 때

   말로 마음을 표현하는가? (네, 그렇습니다 등)

③ 말버릇은 없는가? (음, 그러니까 등)

④ 말끝을 흐리지 않는가?

⑤ 발음은 정확한가?

2

대화를
'끌어가는' 법

5 눈높이를 맞추면 통한다

핵심 '상대 입장에서 말하기'의 이점

누구나 자기 입장에서만 말한다

평소 일을 하면서 부하 직원에게 지시를 내리다 보면 이런 불만이 차곡차곡 쌓인다.

'네, 알겠습니다'라고 했으면서 왜 제대로 못 할까?

'당장 하겠습니다'라고 했으면서 왜 '당장' 안 할까?

이런 일이 생기는 이유는 간단하다. '이 정도야 뭐 자세히 설명 안 해도 알아서 하겠지' 또는 '이렇게 말하면 상대도 충분히 이해하겠지'라고 자기 입장에서 생각해 이야기하는 일이 많기 때문이다. 즉, 다른 사람의 입장은 안중에도 없이 자기 생각만 말하는 것이다.

물론 사람들은 자신이 마치 귀를 막고서 말하는 것처럼 행동한다는 사실을 전혀 모른다. 그래서 더 문제다. 자신의 시선으로만 주위를 보고 매사를 판단해 자기 입장에서 말하기 때문이다. 상대가 어떻게 생각하는지, 그 설명으로 진짜 이해했는지 상대의 입장을 전혀 배려하지 않는다. 즉, 상대의 시선을 눈곱만큼도 생각하지 않는다는 뜻이다.

어째서 상대의 입장을 전혀 생각하지 못할까? 이 역시 동양적 커뮤니케이션 환경이 가장 큰 원인이다. 다시 말해, '척하면 착'하는 환경에 살면 '이만큼 말하면 나머지는 알아서 하겠지'라는 전제로 말하게 된다는 것이다.

사람은 무심코 자기 기준으로 상대방도 알 것이라 생각한다. 만약 이런 식으로 프레젠테이션을 한다면 어떻게 될까? 부하는 뜻도 모르면서 듣기만 할 것이고, 거래처는 "대체 무슨 소리를 하는겁니까? 그런 말을 듣고 싶은 게 아닙니다!"라고 화를 낼지도 모른다.

대학 교수가 기업 관리자급 직원들에게 에이브러햄 매슬로(Abraham H. Maslow)의 '욕구 5단계설'을 주절주절 늘어놓는 모습을 본 적이 있다. 그때 주위에서 듣던 사람들이 이렇게 수군거렸다.

"이 정도는 다 아는 얘기잖아, 학생도 아니고. 그다음 얘기를 했으면 좋겠어."

듣는 사람의 나이와 직업 등의 정보를 통해 그들이 듣고 싶어 하는 내용을 예측해서 말하지 않으면, 아무리 시간이 지나도 상대의 입장에서 말할 수 없다.

‘상대의 입장에 서서 말하기’에는 두 가지 이점이 있다.

① 공감을 얻는다
② 깊이 있는 이해를 돕는다

이 두 가지 이점을 하나씩 살펴보도록 하자.

공감을 얻는다

사람은 언제 공감할까? 바로, ‘그래, 맞아!’라고 실감할 때다. 그야말로 ‘무릎을 치는 순간’이다.

머리로만 아는 것과 깊이 이해하는 것의 차이를 감각적으로 알아야 한다. 이 감각은 지문(指紋)처럼 한 사람 한 사람의 고유한 것이다. 각자 자기 경험과 지식을 바탕으로 ‘역시!’라고 느끼기 때문이다.

예를 들어, 나는 로지컬 커뮤니케이션이라는 연수를 진행하는데, 연수생들의 목표는 ‘논리적으로 말하기’이다. 따라서 연수의 핵심은 ‘정보정리’가 된다. 머릿속에 정보정리만

체계적으로 잘되면, 알기 쉽게 말할 수 있기 때문이다.

하지만 수강생이 연수에 만족하기를 바란다면 정보정리 방법만 이해시켜서는 안 된다. 정보정리의 방법을 배우고 나서 '이 방법을 평소 업무를 할 때 보고, 연락, 상담은 물론 프레젠테이션, 상품 상담 등에도 잘 이용할 수 있겠다'라고 실감하지 않는다면 진정으로 만족했다고 할 수 없다.

즉, 연수 내용에 자기 경험과 지식을 제대로 연결짓지 않으면 '맞아!'라는 감각을 느낄 수 없다. 이 연결고리는 주어진 정보와 자기 경험 또는 지식이 가까울 때 생기기 쉽다. 이 경우라면 이야기를 듣기만 해도 바로 '맞아!'라고 생각하게 된다.

그러나 내용과 거리가 먼 예를 들면 효과가 떨어지기 때문에, 듣는 사람이 공감할 수 있는 예시를 드는 것이 좋다.

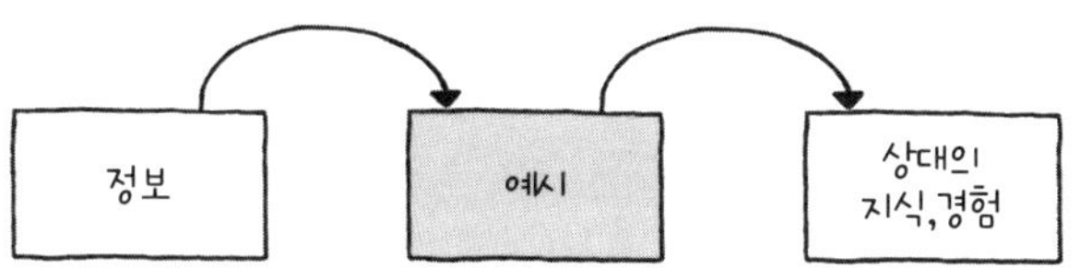

▲ '그래, 맞아!'라고 생각하게 하려면 '예시'를 든다

이때 상대의 시선으로 보고 이를 의식해서 말하는 것이 중요하다. 상대가 어떻게 느끼는지 철저하게 분석하고 추측해 그 가운데 상대에게 가장 잘 맞는 예시를 고르는 것이다.

깊이 있는 이해를 돕는다

상대방이 깊게 이해하도록 도우려면, 앞에서도 설명했다시피 누구나 자기 경험과 지식으로 매사를 이해한다는 사실을 잘 알아야 한다. 이런 전제를 잊고 말하면 상대는 쉽게 이해하지 못한다. 그저 말하는 사람만 즐거울 뿐이다.

고객에게 제출하기 위한 기획서에서도 그런 경향을 흔히 볼 수 있다. 실제로 내가 확인해본 결과 '자기만 아는 단어'를 써서 작성한 기획서가 얼마나 많았는지 모른다. 예를 들어 다음 문장을 읽고 바로 의미를 알 수 있는가?

'하이콘테스트 문화에서 커뮤니케이션의 결점'

'개인주의의 패러다임을 이해한다'

'아우트라인화의 기법을 써서 하고 싶은 말을 정리한다'

사실 하이콘테스트, 패러다임, 아우트라인화라는 단어는

우리 회사나 연수에서 자주 쓰는 말이라서 관련 회사 사원이면 누구나 이해한다. 문제는 이들 단어가 연수 관련 회사 밖에서도 통하는지, 바로 이해할 수 있는지 여부이다. 고객을 위한 기획서인 이상 '사외 사람이 내용을 이해하고 동의할 수 있는 문서'가 되어야 한다. 이런 기획서를 가지고 가면, 고객은 대부분 '우리 회사에는 필요 없다'라며 거절할 것이다. 이해하고 싶은 의욕조차 나지 않는 것이다.

전문용어는 누가 봐도 알 수 있게 풀어서 설명하라

회사나 업계에는 각자 독특한 용어가 존재한다. 사내에서 쓰는 문서라면 약어나 축어를 사용해도 충분히 전달이 되겠지만, 회사 밖에서 거래할 때 그렇게 해서는 안 된다. 특히, 큰 기업에는 기업 내부에서 사용하는 여러 가지 용어가 있겠지만, 사외 사람에게 설명할 때는 당연히 '이해하기 쉬운 다른 언어'로 바꿀 필요가 있다.

이때 상대의 입장에 서서 생각하는 것이 중요하다. 고객에게 제출하는 기획서라면 용어의 사용에 각별히 주의해야 한다. 사내용 기획서에서 다른 부서 임원의 결재도 함께 받아야 하는 안건이라면 배경 설명(사정, 수요)도 다소 포함해야 할지도 모른다.

전문용어는 상대에 맞춰 쉽게 풀어내서 표현하는 것도 중요하지만, 어느 정도로 풀어낼지를 조절하는 것이 더욱 중요하다. 왜냐하면 너무 쉽게 풀면 정보량과 분량이 많아지고, 아무리 전문가가 아니라고 해도 초등학생에게 말하듯이 해설할 필요까지는 없다는 뜻이다. 그렇게 한다면 앞서 '매슬로의 욕구 5단계설' 사례와 마찬가지로 상대를 무시하는 것처럼 보일 수 있다. 이 역시 상대의 이해 수준을 파악해서 결정할 필요가 있다.

 # 듣는 사람의 입장에 선다

듣는 사람을 고려하여

'상대의 수준을 고려해 적절하게 표현하라'를 잘 실천해 확고한 위치를 점한 사람은 방송인 미노 몬타(みのもんた)가 아닐까 한다.

그가 오랫동안 출연하던 프로그램인 〈내 맘대로 텔레비전(おもいっきりテレビ)〉은 곧잘 건강과 관련된 내용을 다루며 '알기 쉬운 점'을 강점으로 내세웠다. 그런데 방송을 자세히 보면 내용이 상당히 전문적이다. 리코리스(licorice), 아디포넥틴(adiponectin) 등 일반인에게 익숙하지 않은 화학용어가 끊임없이 나온다.

그런 전문용어가 잔뜩 나오는데도 시청자들 대부분은 '어려웠다'보다는 '흥미롭다, 재미있다'는 반응을 보였다. 신기한 일이다.

이는 전적으로 '듣는 사람의 입장'에서 말하는 미노의 능력 덕분이다.

전문가와 시청자를 연결하는 중간 다리

〈내 맘대로 텔레비전〉의 방청객이나 시청자 대부분은 화학적 지식이 거의 없는 사람이다. 특히 전업주부가 많다. 그렇기에 미노는 철저하게 보는 사람의 입장에서 이야기를 진행한다.

구체적으로 어떤 기술을 사용할까? 바로 초대한 전문가에게 "네? 뭡니까, 그게?"라는 식의 질문을 던져 낱낱이 풀어서 해설하도록 하는 것이다.

또한 초대손님이 전문가이기 때문에 설명하다 보면 전문적인 해설이 계속 이어지기도 하는데, 그럴 때는 일부러 농담이나 과장된 행동으로 보는 사람의 긴장을 풀거나 흥미를 일으킨다. 즉, 해설하는 전문가와 텔레비전을 보는 시청자 사이에서 중간 다리 역할을 훌륭히 하는 것이다.

여기서는 '족욕'과 '반신욕'에 대한 방송 내용을 잠깐 인용해보겠다.

(족욕을 추천하는 장면)

교수　욕조에 들어가기 전에는 먼저 족욕을 하시기 바랍니다.

미노　족욕을 먼저 하면 왜 좋습니까? ⇦ 보는 사람이 알고 싶은 내용을 질문

교수　욕조에 몸을 담그기 전에 족욕을 하면 땀이 잘 나기 때문입니다. 40도 정도 되는 물에 5분가량 발을 담급니다. 약간 뜨겁다 싶은 물에 담그면 혈관이 살짝 수축됩니다. 이후 수축된 혈관이 풀리면서 …(중략)…

미노　교수님, 족욕을 할 때는 저 모델 같은 차림(민소매 티에 짧은 바지)이 좋은가요? ⇦ 이야기가 길어져서 농담하며 흥미를 일으킨다

(반신욕을 추천하는 장면)

교수　(그림을 보여주며)욕조에 들어가서는 반신욕을 두세 번 반복하면 몸이 따뜻해집니다. 반신욕이란 37~40도 정도의 따뜻한 물에 몸을 명치까지 담그는 것입니다. 먼저 반신욕을 5~10분 정도합니다. 그 뒤 몸을 씻고, 다시 반신욕을 합니다. 그리고 다시 나와서 머리를 감고 또다시 반신욕을 …(중략)…

미노　교수님, 몸을 씻을 때는 이런 의자를 사용하는 것이 좋은가요?(그림을 가리키며) ⇦ 이야기가 길어져서 재미있는 이야기를 던진다

　이런 식으로 절묘한 타이밍으로 끼어든다. 또한 정확히 어떤 의미인지 알 수 없는 용어와 문제에 대해서는 즉각 질문을 던져, 청취자가 이해하기 쉬운 방송을 만들어간다.

이와 유사한 국내 방송인으로는 MBC 라디오 프로그램
〈세계는 그리고 우리는〉을 진행했던 김미화를 들 수 있다.
시사 프로그램은 특성상 초대손님들이 해당 분야의 전문가
인 만큼 일반인인 청취자의 눈높이를 고려하지 못하는 경
우가 많다. 어려운 용어가 나오는 것은 물론이고, 중간 과
정과 설명을 생략하는 일이 다반사다. 그럼에도 불구하고
김미화가 진행한 〈세계는 그리고 우리는〉은 어렵다는 반
응이 거의 없었다. 이는 철저하게 듣는 사람의 입장에서 프
로그램을 진행한 김미화 덕분인데, '교육세 폐지'를 주제로
한 방송 내용을 잠깐 인용해보겠다.

김미화 오늘 오후에 국회 기획재정위에서 교육세 폐지와 관련한 법의를
      심의할 예정이었다고 하는데, 이게 왜 결렬이 된 건가요?
전문가 네, 그게 …(중략)… 교육세를 폐지하면 교육 예산 전체가 줄어들
      어 공교육을 살리는 것이 아니라 위축되는 결과를 가져온다는 게
      저희들의 의견이었습니다. 아시다시피 …(중략)…
김미화 그러니까 지금 교육세 폐지 논란의 핵심은 교육 재정을 얼마나 안
      정적으로 확보할 수 있느냐, 이거잖아요? 좀 더 구체적으로 얘기
      해보면, 교육세가 그동안 어디에 어떻게 쓰였는지가 궁금하고, 만

일 이게 폐지가 된다면 어떤 상황이 생기는 건지 <u>좀 더 쉽게 설명</u>
<u>해 주시겠어요?</u>

이런 식으로 긴 이야기를 짧게 핵심만 정리한 후, 구체적
인 과정과 문제 등을 물어본다.

전문가   저출산 문제와 어린 아이를 가진 가정의 문제를 생각해서, 분유 ·
기저귀 면세를 강력히 주장했습니다.

김미화   <u>분유 · 기저귀 면세요? 그게 뭐죠?</u>
…(중략)…

새로운 용어 등이 나올 때면 이렇게 되묻는 식으로, 듣는
사람의 눈높이에 맞춰 대화를 끌어가는 것이다.

 # 초등학생에게 설명하기

같은 내용이라도 상대에 맞게 바꿔라

기업연수라면 구체적이고 실천적인 내용일 거라고 생각하기 쉽지만, 사실 그렇지만도 않다. 예를 들어 우리 회사 고객 중에는 대기업의 엘리트도 많은데, 그들은 다소 추상적인 내용을 좋아하는 경향이 있다. 왜일까?

이는 비록 자신의 업무 내용과 직접적으로는 관련이 없다고 해도, 그것과 연결지어 생각하는 능력이 있다는 뜻이다. 이런 경우는 반대로 너무 구체적인 사례로 설명하면 오히려 제대로 받아들이지 못한다. 유치하다는 인상을 받기 때문이다.

나는 30년 이상 다양한 수강생을 상대로 연수해온 경험을 토대로, 이야기할 때는 같은 내용이라도 상대에 따라 표현을 적절히 바꾸고 있다. 예를 들어, 내가 강의하는 와세다(早田)대학의 대학원생들은 확실히 지식 수준은 높지만 비즈니스 경험은 전혀 없다. 어휘는 그 사람의 지식과 경험이 뒷받침되어야 하는 것이라, 학생이 대상인 경우에는 직장인이 대상일 때와는 다른 어휘를 사용한다.

예를 들어, 일본 비즈니스 업계에서는 보고, 연락, 상담을 줄여서 '보연상'이라고 하는 일이 많아 직장인 대부분은 이 말을 안다. 그러나 학생, 특히 이·공과 계열 학생들은 전혀 모른다. 그래서 '무슨 일을 하기 전에도, 하고 난 후에도 보고, 연락, 상담 세 가지는 빠트리지 말아야 합니다'라고 줄이지 않고 설명한다.

모임과 자리의 성격에 맞는 용어 선택

지역주민 모임에도 나가는 일이 있는데, 그런 곳에서 "강연의 주제는 로지컬 커뮤니케이션입니다"라는 말로 시작하면 찬물을 확 끼얹은 듯한 분위기가 된다. 그럴 때는 '반상회를 30분 만에 끝낼 수 있는 말하기 방법'을 주제로 하면 쉽게 받아들인다.

그 밖에도, '대인관계 코칭'은 직장인들을 대상으로 할 때는 보통 "대인관계 코칭은 교류분석(Transactional Analysis : 사람은 사회적인 상호작용을 통해 성장하려 한다는 이론으로, 심리학과 심리치료를 통합한 이론. 미국의 정신의학자인 에릭 번이 개발 – 편집자 주)을 토대로…"라는 식으로 설명하는데, 지역주민을 대상으로 할 때는 '이웃과 사귀는 방법'으로 바꾼다. 이렇게만 해도 다들 흥미진진하게 듣는다.

이렇게 주제를 바꾸면 다들 구체적인 고민을 줄줄이 늘어놓는다. 직장인만 상대로 할 때는 절대로 나오지 않던 주제와 관점, 의견을 들을 수 있어서 나에게도 좋은 경험이다. 상대에 따라 표현 방법을 바꾸려면 내용을 확실히 이해해야만 하기 때문에, 본인에게도 좋은 공부가 된다.

이처럼, 배경이 다른 상대에게 같은 이야기를 다르게 전하다 보면 '철저하게 상대 입장에서 이야기하기'를 연습할 수 있다. 표현을 고르고 이야기 전체를 구성하는 방법과 핵심이 모두 다르기 때문이다.

초등학생에게 설명하는 특훈

"저는 강연이나 연수 같은 거 할 일이 없어서 연습할 기회도 없어요"라고 하는 사람에게 딱 맞는 연습 방법이 있다. 바로 초등학생, 그중에서 4학년 정도 된 어린이에게 이야기하는 것이다. 이것이 가장 좋은 연습 방법이다.

사람은 만 10세부터 추상적인 사고를 시작한다고 한다. 즉, 본격적으로 언어를 이용해 사고하기 시작하는 시기가 초등학교 4학년이다. 이 연습을 효과적으로 하려면 일부러 약간 어려운 주제를 골라야 한다. 예를 들어, '왜 환율이 높은가?', '태양전지는 어떻게 전기를 만드는가?'와 같은 주제와 수준이면 좋다. 너무 쉬운 주제는 설명도 쉽기 때문에 별도움이 되지 않기 때문이다.

또한 호기심이 왕성한 초등학생은 연달아 "왜요, 왜요, 왜요?"라고 질문을 던질 텐데, 이때 주제에 대해 확실히 알지 못하면 대답하기 힘들다. 그러므로 주제를 고를 때는 자기 직업이나 전공과 관련된 분야에서 고르는 것이 좋다.

일본의 전(前) 아나운서인 이케가미 아키라(池上彰)는 어려운 주제를 알기 쉽게 설명하는 것으로 정평이 났는데, 그는 오랫동안 NHK에서 〈주간 어린이 뉴스〉를 맡았던 경험이 도움이 되었다고 했다.

즉, 초등학교 4학년 아이에게 설명하는 훈련을 쌓으면 당신도 '어려운 말을 쉽게 풀어서 하는 달인'이 될 수 있다는 뜻이고, 이를 통해 상대의 시선으로 보고 생각하는 효과를 얻을 수 있다. 이로써 얻는 이득은 측정할 수 없을 정도다. 그러니 이 연습을 오늘부터 당장 시작해보자.

6 판에 박힌 이야기?
틀에 맞춘 이야기!

핵심 틀을 짜놓으면 대화는 저절로 흘러간다

'기승전결'로 말하기

간혹 이야기를 듣다 보면 무척 불안할 때가 있다. 상대가 이 얘기하다가 저 얘기하다가 하는 경우도 그러하다. 하고 싶은 말이 대체 무엇인지 의도를 파악할 수 없기 때문이다. 길을 잃었을 때 목적지를 모르면 혼란스럽고 불안한 것과 마찬가지다.

스킬 1에서 소개한 '주제를 의식하는 방법' 외에도, 패턴을 정해서 그 틀에 맞추어 이야기하는 방법으로도 이런 혼란을 막을 수 있다. 이 방법은 한 번 터득하면 대화의 갈피를 잡아가면서 이야기할 수 있어 굉장히 편리하다.

구체적으로 설명하자면 '기승전결' 패턴을 따르면 된다. 기승전결은 원래 한시의 오언절구, 칠언절구에서 왔다.

말이나 글을 네 마디로 나누어, '기'에서 이야기를 시작해 '승'에서 그 이야기를 발전시키고, '전'에서 그 이야기의 방향성을 바꾸어 '결'에서 끝맺음하는, 줄거리가 있는 이야기 방식이다. 기승전결은 예로부터 동양 문화에 깊이 뿌리내려, 좋은 글과 아름다운 글의 기본이 되었다.

기(起)　장안의 거리에서 서로 만나 ⇦ 이야기의 시작
승(承)　꽃밭 속 찾아가 속삭인다 ⇦ 이야기의 발전
전(轉)　황금 말채찍 흘려두고서 ⇦ 방향의 전환
결(結)　안장에 앉혀 말 달려 돌아갔도다 ⇦ 끝맺음
　_허난설헌, 상봉행(相逢行) 中

이렇게 '전'에서 이야기의 흐름이 단숨에 바뀐 다음, '결'로 자연스럽게 마무리하는 것이 기승전결의 핵심이다.

 틀에 맞춘 TV 프로그램

대화에서 틀이 발휘하는 힘

일본 방송인인 가쓰라 산시(桂三枝)는 '기승전결' 패턴을 대화에 잘 활용하는 사람이다. 그는 1971년 첫 방영을 시작해 지금까지 장수하고 있는 프로그램 〈신혼부부, 어서 오세요 (新婚さんいらっしゃい)〉(매주 두 쌍의 신혼부부를 초대해 신혼생활과 결혼 전 이야기를 듣는 프로그램 - 옮긴이 주)의 사회를 맡았는데, 이 가쓰라의 이야기 방식이 왜 흥미로울까? 어떻게 한 프로그램을 40여 년 동안 계속해왔을까?

그 비밀은 '틀(패턴)에서 오는 안정감'에 있다. 매번 다른 신혼부부가 등장하지만 가쓰라는 항상 비슷한 방식의 농담과 우스갯소리를 한다. 이를 보면서 시청자들은 마음이 놓이고 안도감을 느낀다. 권선징악을 주제로 한 영화나 결말이 뻔한 해피엔딩 드라마를 보는 이유와 같은 맥락이다.

즉, 〈신혼부부, 어서 오세요〉의 인기 비결은 바로 가쓰라의 이야기 패턴에 있다는 뜻이다. 이야기의 흐름이 완벽하게 '기승전결'로 구성돼 있다. 가쓰라는 방송인이자 라쿠고가인 만큼 '틀'을 자유자재로 구사해 대화를 이끈다.

가쓰라　어떻게 만나고 사귀게 됐어요? ⇦ '기' 부분

아내　고등학교 때 같은 반이었어요.

가쓰라　오, 그래서요?

　…(중략)…

（중간에 부부가 고등학교 때 아이가 생겼다는 사실을 알게 된다.）

가쓰라　임신했다는 사실을 알았을 때 어머니는 뭐라고 하셨나요? ⇦ '승' 부분

아내　"너 낳을 거니?"라고요.

　…(중략)…

가쓰라　그럼 둘이 싸우기도 하나요? ⇦ '전' 부분

아내　하죠.

가쓰라　최근에는 무슨 일로 싸웠어요?

아내　남편이 포르노 사이트를 보더라고요.

　…(중략)…

아내　예순이 넘어도 깨소금 쏟아지게 살았으면 좋겠어요.

가쓰라　우와, 아직 스무 살이니 갈 길이 머네요. (남성 출연자에게)남편분도 아내와 같은 생각인가요? ⇦ '결' 부분

남편　네.

가쓰라　뭐, 40년간 고생문이 훤하네요.

이렇게 보면 가쓰라가 매번 신혼부부와 나누는 이야기 패턴은 다음과 같다.

① 사귄 계기 듣기(기)
② 결혼 뒤의 이야기 듣기(승)
③ 약간 특이한 생활 끄집어내기(전)
④ '모쪼록 행복하게 사세요'로 엔딩(결)

그리고 뜻밖의 이야기가 나오면 일부러 과장해서 의자에서 떨어지거나 과하지 않게 성적인 농담을 섞는 식으로 패턴이 유형화되었는데, 그래서 더 안심하고 볼 수 있다. 틀을 깨는 것도 좋지만, 그전에 확실한 틀을 먼저 만들어야 한다. 라쿠고가 가쓰라 산시의 참모습이 드러나는 것이다.

한국에서 기승전결 패턴을 잘 활용하는 방송인은 강호동이다. 그가 진행을 맡은 〈무릎팍 도사〉를 보면 항상 같은 패턴으로 진행된다. 출연 이유와 고민을 묻고(기), 고민이 생긴 과정과(승) 그 와중에 생겨난 오해 또는 그 발단에 대해 해명을 듣는다(전). 마지막으로 해결책을 제시하며 결말을 짓는다(결). 이런 식으로 기승전결을 따른다.

연역법 활용

처음에는 연역법 '틀'에 맞추기

기승전결 패턴을 의식하고 말하겠다고 결심을 해도, 복잡한 패턴을 갑자기 익혀서 대화에 활용하기란 쉽지 않다. 패턴에만 신경 쓰다 보면 정작 가장 중요한 '이야기의 내용'에 주의를 기울이지 못하기 때문이다.

패턴을 터득하는 첫걸음으로는 연역법 연습이 무난하다. 이는 오래 전부터 보편적으로 쓰였다. 소전제(특정 사례)를 이야기한 다음, 대전제(일반론)를 말해서 결론을 끌어내는 패턴이다. 이에 대해 좀 더 자세히 알아보자.

• 연역법 : 특정 사례 → 일반론

예를 들어 '나는 언젠가 죽는다'라는 결론을 연역법 패턴
으로 설명해보겠다.

'나는 사람이다 → 사람은 언젠가 죽는다 → 나는 언젠
가 죽는다'

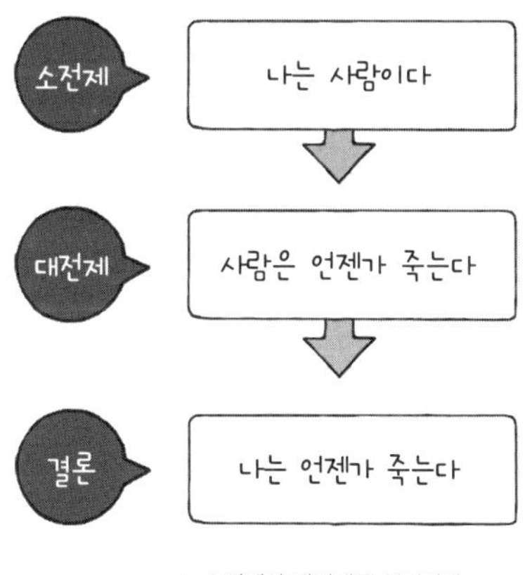

▲ 소전제와 대전제를 연결하라

나는 평소에도 연역법을 곧잘 쓴다. 한번은 우리 회사 사
원 L씨에게 이렇게 말한 적이 있다.

"자네는 영업사원이지? 영업사원은 매출 목표, 즉 수치

를 달성하는 사람이야. 그러니까 자넨 목표 수치를 달성해야 하지.”

이 역시 연역법의 한 예로, 'L씨는 영업사원이다(소전제) → 영업사원은 매출 목표의 수치를 달성한다(대전제) → L씨도 당연히 목표 수치를 달성해야 한다(결론)'는 패턴을 따른다.

이 패턴은 특정 사례를 일반론이 뒷받침하는 형태여서 논리적이기 때문에, 듣는 사람이 순순히 받아들일 가능성이 높다. 일상 대화에서도 이를 염두에 두고 잘 활용하자.

연역법이 익숙해지면 귀납법, 그다음은 이 장에서 소개한 기승전결 방식으로 한 단계씩 밟아나가자.

7 '아'와 '어'는 정말 다르다

핵심 살아 있는 이야기가 마음을 움직인다

왜 마음에 와 닿지 않을까?

내 사무실 근처의 지하철역 서쪽 출구 앞에서는 거의 날마다 길거리 연설이 열린다. 연설하는 사람은 정치가부터 사회운동가, 인권보호 단체 사람까지 다양하다. 아마 하루에도 수천 명이 그 앞을 지나다니겠지만, 그 자리에 멈춰 서서 제대로 이야기를 듣는 사람은 몇 명이나 될까? 세어본 적은 없지만, 무척 적을 것이다. '말하기' 자체에 문제가 있기 때문이다. 그들은 듣는 사람의 마음에 와 닿게 말하지 않는다.

이런 경험을 한 적 없는가?

- 과제를 열심히 발표했는데, 교수님과 다른 학생들의
  반응이 시큰둥하다
- 고객에게 정말 열심히 상품에 대해 설명했는데, 이야
  기가 겉도는 기분이다
- 회의에서 열변을 토해가며 기획을 발표했는데, 오히려
  평소보다도 반응이 냉담했다

이런 경험 때문에 실망한 적이 있을지도 모른다. 사실 상대의 마음에 와 닿게 말하기는 상당히 어렵다.

왜 아나운서의 말은 마음을 울리지 않을까?

언어에 있어서 전문가라고 할 수 있는 아나운서의 말하기를 예로 들어보자. 아나운서는 정확한 문법에 따라 명료한 발음으로, 사람들이 알아듣기 편하도록 다소 느리게 말

한다. 그래서 듣기에 편하고, 말하기의 교과서라고 할 수 있지만, 듣는 사람의 마음이 동하지는 않는다.

만약 영업사원이 그렇게 아나운서와 같은 방식으로 상품을 설명한다면 과연 사고 싶을까? 정확한 표현과 분명한 억양, 듣기 편할 만큼 적당한 속도, 명료한 발음. 그야말로 백점 만점이다. 그러나 고객은 '이 상품 사야지!'라거나 '이 사람은 믿을 수 있어'라는 생각은 하지 않을 것이다. 오히려 심리적인 거리감이 생길지도 모른다. 정확한 문법과 완벽한 발음을 사용하는 아나운서조차 상대의 흥미를 끌어내거나 상대의 마음에 와 닿게 말하기란 좀처럼 쉽지 않다.

그 이유는 무엇일까? 무엇이 잘못된 걸까?

몇 가지 이유를 들 수 있지만, '자기 색깔로 내용을 전하지 않는다'는 것이 가장 큰 원인이다. '자기 색깔로 말하기'란, 어디서 보거나 들은 표현을 그대로 쓰는 것이 아니라, 내용을 깊이 이해하고 완전히 소화하여 말하는 것이다. 단순히 발음만 정확해서는 오히려 냉정하게 들려 상대 마음에 더욱 와 닿지 않을 것이다.

폭발적인 성량의 오페라 가수가 부른 노래는 물론 대단하다. 그러나 관객의 마음을 흔들고 감동의 눈물을 흘리게 하는 것은 거친 목소리를 쥐어짜낸 연기를 통해서다.

말하기 역시 마찬가지다. 마음을 움직이는 것은 마음, 그 안에 담긴 '진심'이다.

설득력을 높인다

자기 색깔로 말하기에는 어떤 이점이 있는지 구체적으로 설명하겠다.

먼저 설득력이 확연히 다르다. 영업사원의 이야기를 듣

고 그 회사와 거래하겠다고 결정하는 과정은 무척 주관적
이다. 이야기의 내용보다는 '그 사람이 하는 말을 진심으로
받아들일 수 있는지 없는지'에 달렸다.

상대가 이야기를 받아들이는 결정적인 근거는 '이 사람
이 그 내용을 얼마나 자기 색깔로 표현하는가'다. 듣는 사
람은 말하는 사람이 내용을 제대로 파악해서 이해했는지
민감하게 느끼고, 받아들일 수 있는지 아닌지 파악하는 것
이다.

피가 통하는, 살아 있는 이야기만이 타인을 설득할 수 있
다는 말이다.

예컨대 나는 상품 설명이나 연수에서 메라비언의 법칙에
대해 이야기할 때 최대한 내 색깔로 설명하려고 한다.

"저는 겉모습도 중요하다고 생각합니다. 강연을 할 때도
항상 '강사의 표정'을 짓기 위해 연수회장에 한 시간 전에
는 도착해 그곳의 분위기를 익힙니다. 사원에게도 '겉모습
의 중요성'을 알리고, 정장 사는 데는 투자하라고 잔소리
합니다."

이렇게 실제로 겪은 일을 예시로 들기도 한다. 그러면 수강생은 열심히 고개를 끄덕인다.

신출내기 영업사원이나 강사가 나를 따라 메라비언의 법칙을 소개하는 모습을 보면 전혀 다른 반응이 나온다. 이는 내 방식을 흉내 냈을 뿐, 자기 색깔이 아니기 때문이다.

이처럼 내용을 떠올리는 것이 아니라 입에 붙어 있던 말이 자연히 튀어나오는 상태가 될 때 설득력 있게 말할 수 있다. 결국 자신의 '진심'으로 말하는 것이다.

생각을 정확하게 전한다

자기 색깔로 말할 때 얻는 또 다른 이점은 '생각을 정확하게 전할 수 있다'는 것이다.

정확하게 전하기란 말처럼 쉽지 않다. 자신은 정확하게 말했다고 생각해도 상대에게는 의도와 다르게 전해지는 일이 많다.

내가 담당하는 로지컬 커뮤니케이션 연수에서는 '정보정리'가 핵심이다. 하지만 정리를 잘해도 다음 단계인 '정보전달' 과정에서 다시 이야기가 어려워지는 경우가 있다.

'아니, 그럼까지 그려가면서 정리했는데 말하는 단계에서는 왜 그러지?'라는 생각이 들지도 모른다. 이는 '정리 → 전달'의 과정에서 내용의 정확도가 떨어지기 때문이다.

정보의 정확도가 떨어지는 이유는 무엇일까? 이는 정보를 정리했어도 부분적으로만 이해했을 뿐, 전체적인 모습을 파악하지 못했기 때문이다. 이때 이야기의 전체적인 구성을 파악하고, 각 화제를 어떤 순서로 말할지 결정하는 능력이 중요하다.

순서를 제대로 정하지 못하면 이야기가 매끄럽게 이어지지 않는다. 어쭙잖게 예시를 들다가 샛길로 빠지는 순간 의도가 잘못 전달되기 쉽다. 심한 경우 말하는 사람 자신도 헤맨다.

의도가 달라지거나 말을 하다 헤매는 일이 생기지 않으려면 이야기 내용을 깊이 이해해야 한다. 그래야 자기 색깔로 말할 수 있다.

상품 상담이나 연수를 진행할 때도 종종 느꼈지만, 자기 색깔로 말하기란 상당히 어렵다. 순간적으로 반응하면서도 자기 생각을 정확하게 말하려면 항상 생각해야만 한다. 더군다나 자기 색깔로 말하려면 내용 자체도 깊이 이해하지 않으면 안 되기 때문에 더 어렵다.

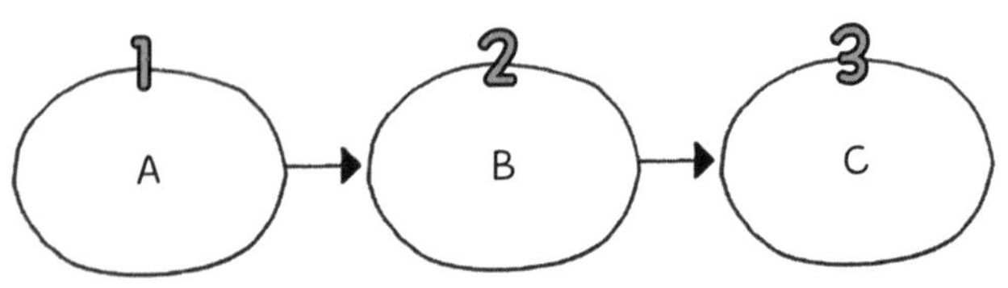

▲ 순서를 제대로 정하지 않으면 A → B → C로 이야기가 이어지지 않는다

 ## '자기만의 색깔'을 활용한다

전문가로부터 문제점을 끌어낸다

재빠르게 반응하면서도 자기 색깔로 말하는 데 뛰어난 사람이 NHK 〈클로즈업 현대(クロ_ズアップ現代)〉의 진행자 구니야 히로코(國谷裕子)다. 구니야는 '자신만의 색깔'로 시청자에게 감동을 준다. 명쾌함에서는 따라갈 자가 없다. 어떻게 하는 것일까?

〈클로즈업 현대〉는 매번 주제가 명확하다. 30분이라는 짧은 시간 동안 주제를 압축하여 초점을 확실히 맞추어 구성된다.

〈클로즈업 현대〉는 '왜 이상기후가 나타날까?', '환율의 충격', '다크 매터(dark matter) – 보이지 않는 암흑물질을 찾아라' 등으로 정치·경제부터 첨단 과학, 사회현상에 이르기까지 무척 광범위한 주제를 다룬다.

만약 주제와 관련된 취재 영상만으로 정보를 전하려면 100분으로도 부족할 것이다.

그렇다면 그녀는 어떻게 그 많은 정보를 30분 안에 정리할 수 있을까? 바로 영상을 시청한 다음 전문가로부터 '중요한 부분에 대한 설명'을 듣기 때문이다. 해당 주제에 어떤 문제가 있고, 어디에 초점을 맞추어 생각해야 하는지 시청자에게 확실히 알려준다. 그리고 전문가로부터 그 내용을 끌어내는 것이 구니야의 역할이다.

사실 초대된 전문가 중에는 주제에서 벗어난 이야기를 하는 사람도 가끔 있다. 그럼에도 구니야는 '영상 시청 → 자기 설명 → 전문가 설명 → 결론'이라는 과정에 따라 해당 주제에 대한 답을 제시한다.

30분 만에 3단 구성으로 정리

2009년 4월, 〈클로즈업 현대〉에서 '영어교육, 어느 정도까지 필요한가?'를 주제로 다루면서 나를 취재해갔다. 국제화가 진행되는 가운데 영어교육에 대해 묻는 내용이었다.

오랫동안 기업을 대상으로 하는 영어 연수를 맡아온 실적 덕분에, 내가 연수하는 장면 일부를 취재해 서두 부분에 방송했다. 초대손님으로는 영어 통역사 도리카이 구미코(鳥飼久美子)와, 내가 연수를 담당했던 카메라 브랜드 리코(Ricoh)의 중역이 출연했다. 당시 방송을 예로 들어 프로그램 구성과 구니야의 진행 방법을 살펴보자.

① 서두에서 문제를 제기한다.

중 · 고등학교에서 대학교까지 영어를 배웠는데도 영어로 말하기나 듣기를 못하는 사람이 많다. 즉, 영어를 전혀 하지 못한다. 그런데 업무에서 영어를 써야 할 상황은 급증한다.

② 영상을 튼다.

내가 기업을 대상으로 영어를 연수하는 현장을 보여준다.

③ 그 영상을 본 후, 리코 중역에게 간단한 질문을 던진다.

"지금 보신 영상에서 J씨가 '영어가 싫어서 이공계로 갔는데 왜 이렇게 영어를 쓸 일이 많은지'라면서 괴로워하는

데(웃음), 그런 말이 나올 만큼 일반적인 비즈니스 현장에서 영어를 많이 쓰나요?”

이렇게 치고 들어간다. 단순히 영어로 말을 하는지 안 하는지를 다루지 않는다. 어디까지나 ‘지금 이 주제를 다루는 이유’를 전문가로부터 끌어내려는 것이다.

“심도 있는 논의나 다양한 의견을 모으는 상황에서도 영어로 대화한다는 말입니까?”

이렇게 ‘비즈니스 현장에서 영어가 커뮤니케이션 수단으로서 필요한’ 현실을 파고든다.

그리고 초대손님으로부터 ‘기업의 현대적 과제’를 다음과 같이 끌어냈다.

“…라는 이유로 그(영어에 의한 커뮤니케이션) 수준을 높이는 것이 기업의 과제가 되었습니다.”

구체적인 질문을 계속해서 던진다

큰 방향만 잡은 ‘문제 제기’만으로는 구체적인 해결 과정에 도달할 수 없다. 그래서 구니야는 시청자들이 이해하고 실천하는 데 도움이 되도록 초대손님에게 계속해서 구체적인 질문을 한다.

"본인은 영국 현장에 투입되었을 때 처음부터 영어로 말할 수 있었습니까?"

"어떻게 그것(영어로 대화할 수 없던 상황)을 뛰어넘었습니까?"

"혹시 '그런데, 그게' 같은 식으로, 무슨 말을 하면 좋을지 몰라서 말문이 막힌 적은 없습니까?"

'그런데, 그게'라는 표현에서도 구니야가 자기 색깔을 내려는 모습이 보인다. 이런 질문이 끝난 후에는, 초대손님에게 '회사에서 영어를 빨리 배우는 사람의 특징'에 대해 들었다.

〈클로즈업 현대〉는 언제나 시간 싸움이다. 끝날 시간이 가까워지면 스튜디오 안에 음악이 나온다. 그러면 초대손님도 서둘러 정리를 하는데, 구니야 역시 초대손님에게 계속 말을 걸면서 머리로는 '마무리를 어떻게 지을까' 생각하는 모습이 보인다. 이런 긴장감도 이 프로그램에만 있는 매력이다.

한국에서 이와 같은 대화술을 잘 활용하는 사람으로는 아나운서이자 MC로 유명한 백지연을 들 수 있다. 특히 케이블 방송인 tvN에서 그녀가 진행하는 〈피플 인사이드〉라는 프로그램을 보면 매번 초대손님이 바뀌는데, 그들의 직업이 참 다양하다. 작곡가부터 광고 제작자, 애니메이션 제작자, 영화감독, 스포츠 스타 등 다양한 사람들을 초대손님으로 초청한다. 워낙 유명한 사람들인 만큼 그들의 잘 알려지지 않은 이야기를 끌어내야 하는데, 자칫하면 말하기 껄끄러운 부분을 건드리게 될 수도 있기 때문에, 기분이 상하지 않도록 잘 풀어가야 한다. 바로 이 부분을 능숙하게 해내는 것이 백지연의 강점이다.

다음은 유명한 애니메이션 〈뽀롱뽀롱 뽀로로〉의 제작자인 최종일 대표가 초대손님으로 출연한, 〈피플 인사이드〉의 2011년 3월 14일 방송에서 백지연이 던진 질문들이다.

"라이선스를 주면 그때부터는 그 사람들(라이선스를 가진 제작 업체)이 만드는 거잖아요? 그런 것들도 관리하시겠네요?"

"예를 들어 뽀로로가 양쪽에 총 차고 두두두! 이런 거 하면 안 되잖아요?"

"…(중략)…(제작 제의가)들어왔는데 아이들한테 안 좋아서 거절하신 건 어떤 게 있나요?"

"…(중략)…저 고글도 너무 귀엽고, 저… 쟤는 입이라고 하면 안 어울리고, '조동이'라고 해야 딱 어울리는 같아요. 저것도 참 귀엽고…(중략)…고글을 이렇게 씌울 수도 있고, 일단 나왔으니까 참 어울린다 싶지만, 저것도 여러 가지 아이디어를 해보셨을 것 같아요. 저건 어떻게 나온 거예요?"

'두두두! 이런 거'나 '쟤', '조동이'이라는 표현 등으로 자기 색깔을 내고 있다. 백지연은 이런 구체적이고 자신만의 색깔이 뚜렷한 질문을 통해 사소하지만 재미있는 대답을 유도한다.

핵심은 '의견의 근거'와 '어휘'

자기 의견의 근거를 말하도록 연습하자

자기 색깔로 말하기의 첫걸음은 어떻게 시작할까? 다음의 3단계로 볼 수 있다.

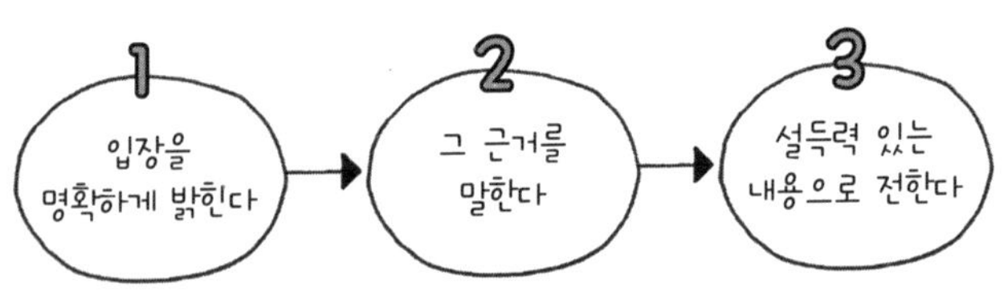

▲ 순간적으로 근거를 말하면 설득력이 높아진다

예를 들면 다음과 같다.

"나는 거기에 찬성(반대)합니다. 왜냐하면 ××로 미루어 ○○이기 때문입니다."

"저는 그게 좋(싫)습니다. 왜냐하면 ××를 봤을 때 ○○이기 때문입니다."

"저는 그게 필요(불필요)합니다. 왜냐하면 ××에 의하면

○○이기 때문입니다.”

이런 식으로 말하는 방법을 의식해보자. 그리고 순간적으로 ‘왜냐하면…’이라는 근거를 제시할 수 있도록 연습해야 한다. 왜냐하면 순간적인 반응은 듣는 사람에게 설득력을 높이기 때문이다.

의견을 말한 다음 상대가 “왜 그렇게 생각합니까?”라고 물었을 때 곧바로 대답하지 못하면 상대방은 깊이 생각하고 한 말이 아니라고 생각한다. 따라서 순간적으로 받아치는 것이 중요하다.

우선은 가벼운 마음으로 주위에서 쉽게 보고 겪을 수 있는 것을 화제로 연습해보기 바란다.

예를 들어 점심시간에 식당에 들어갔다고 하자. 그때 메뉴판에서 음식을 고르며 그 이유를 말해보는 것이다. 물론 크게 말하면 주변 사람들의 눈초리가 곱지는 않을 테니, 속으로만 말해도 된다.

‘나는 햄버거 정식으로 할게요. 왜냐하면 아침을 걸러서 굉장히 배고프니까 양이 좀 많은 음식을 먹고 싶거든요.’

처음에는 이 정도면 충분하다.

'매일 아침 마늘장아찌를 먹었지만, 오늘은 안 먹겠다. 왜
냐하면 10시부터 A씨와 데이트가 있기 때문이다.'

이 정도면 꽤 익숙해진 단계다.

'근거를 순간적으로 말하는 것'이 가장 중요하다. 이 연습
을 반복하면, 자신의 입장과 그 근거가 거의 동시에 떠오른
다. 단순히 '찬성 – 반대'나 '좋다 – 싫다'로 대답하는 것보다
생각이 깊어져서 설득력 있게 말하도록 근본적으로 바뀐
다. 앞서 말한 '자기 색깔로 말하기'의 3단계가 연계적으로
연습이 돼 재미를 느낄 수 있으므로, 게임처럼 할 수 있다.

다음 내용에 대해 자기 의견과 그 근거를 말해보자.

① 자전거 출퇴근에 대해 찬성합니까, 반대합니까?

② 회의 중 휴대전화 사용에 대해 찬성합니까, 반대합니까?

③ 영어를 사내 공용어로 사용하는 것에 찬성합니까, 반대합니까?

연습할 때는 '자전거 출퇴근에 대해 찬성합니다. 왜냐하면…'이라고 한 다음, 같은 질문에 '자전거 출퇴근에 대해 반대합니다. 왜냐하면…'이라고 반대 입장으로도 대답해보면 근거를 순간적으로 뽑아내는 데 큰 도움이 된다.

어휘 목록을 작성하자

상대의 마음에 와 닿게 말하려면 무엇보다도 어휘가 풍부해야 한다. 어휘가 부족하면 표면적인 의미만 전달되고, 그 말로 설득하지 못하여 같은 말만 반복하게 된다. 즉, 어휘를 늘리는 것은 설득력을 높이는 무기를 갈고닦는 것과 같다.

어휘를 늘리기 위해 사전을 통째로 암기하려는 사람은 없을 것이다. 무척 비효율적이라는 것은 명약관화(明若觀火)다. 내가 추천하는 방법은 '사자성어'다. 사자성어를 많이 알면 상대 마음에 와 닿게 자기 의도를 전할 수 있기 때문에 무척 좋다. 다음과 같은 말을 예로 들어보자.

'지난번에 낸 기획은 예산과 시간이 없고, 부장님부터 과장님까지 전부 반대했다. 뿐만 아니라 결국 동료 S마저 포기하고 반대편으로 돌아서서 내 편이 하나도 없었기에, 나 혼자 도전해야만 했다.'

이처럼 긴 설명도 사자성어를 사용하면 간단명료하게 할 수 있다.

'지난번에 낸 기획은 예산도 시간도 없고, 찬성하는 사람도 나 혼자밖에 없어서 사면초가(四面楚歌) 상태로 도전해야 했다.'

이렇게 사면초가라는 표현 하나만 써도 그 상황을 명확하게 전할 수 있다.

이처럼 사자성어를 상황에 따라 적절하게 사용하면 진의를 오해 없이 전달할 수 있을 뿐만 아니라, 글을 쓸 때도 지적(知的)으로 쓸 수 있다.

8 상대방이 '듣게' 하지 말고 '집중'하게 하라

핵심 사소한 변화가 큰 차이를 만든다

자신의 심정을 완벽하게 전달하고 싶다

사람은 누구나 다른 사람이 자기 마음을 이해(공유)해주기를 바란다. 마음을 공유할 수만 있다면 처음 만난 사람이라도 마치 죽마고우처럼 느껴져 마음을 터놓고 대화할 수 있기 때문이다. 그러나 안타깝게도 당신과 똑같은 경험을 한 사람은 거의 없다. 공통적인 체험을 하지 않은 사람에게 어느 부분에서 어떻게 감동했는지 전하기란 무척 어렵다.

게다가 흥분할수록 말이 잘 나오지 않아서 더 문제다. 어떻게 하면 두근거리거나 감격한 마음을 상대에게 제대로 전달할 수 있을까?

생생하게 표현하기

먼저 내 경험을 소개하겠다. 상품 상담을 하는데 고객이 갑자기 전날 본 영화에 대해 다음과 같이 말했다.

"글쎄, 어제 영화를 봤는데 정말 감동적이더라고요. 주연 배우가 진짜… 어, 이름이 뭐였더라, 로버트… 로버트 뭐라고 하는데, 어쨌든 대단했어요. 특히 마지막 장면이 대단했는데, 자기 나라를 버리고 새로운 곳으로 여행을 떠날 때, 그 표정이 대단했어요. 그 사람은 역사에 남을 대단한 명배우가 될 거예요. 오랜만에 정말 감동했습니다."

고객은 '대단하다'를 연발하며 어떻게든 내게도 감동을 전하려고 애썼다. 손짓, 몸짓까지 섞어가며 설명했는데, 유감스럽게도 뭐가 대단했는지 전해지지 않았다.

"아, 그러셨어요."

아쉽게도, 이렇게 김빠지는 대답밖에 할 수 없었다.

고객에게 영화 제목을 물어서 그날 밤에 DVD를 봤더니 확실히 멋진 영화였다. 만약 그 감동을 전한다면 이런 식으로 말해보면 어떨까 생각했다.

"어제 영화를 봤는데, 배우의 연기에 감동했습니다. 로버트 드 니로(Robert De Niro)라는 배우인데, 특히 마지막 장면이 백미(白眉)였어요. 자기 나라를 버리고 새로운 땅, 버지니아로 떠날 때 뭐라고 설명할 수 없는 쓸쓸함, 불안함, 동시에 미래에 거는 희망을 그 우수에 젖어서 빛나는 눈빛만으로 연기하는데, 깜짝 놀랐습니다. 그리고 마지막에 아침 햇살이 확 하고 쏟아지는 순간, 딱 한마디… '출발하자'.

그 짧은 말에서도 그의 애수와 결의가 느껴졌어요. 정말 대단한 배우예요.”

감동한 장면을 상대에게 쉽게 설명하려면 생생함이 느껴지는 구체적인 묘사가 효과적이다. ‘대단하다’거나 ‘진짜’라는 말을 반복할수록 반대로 가볍게 느껴진다. 요점은 대단하다고 생각한 내용, 알맹이, 정황을 상대가 알도록 다른 표현으로 바꾸어 구체적으로 설명하는 것이다.

‘상대의 흥미를 일으키는’ 말하기

정황을 떠올릴 수 있게 말하려면 묘사력을 키워야 한다. 실제로 묘사력을 키우면 세 가지 이점이 있다.

① 상대의 흥미를 일으킨다
② 깊이 이해할 수 있도록 돕는다
③ 기억에 박힌다

먼저 ①의 '상대의 흥미를 일으킨다'에 대해 설명하겠다. 예를 들어 같은 의자에 대한 다음 두 개의 글을 읽었을 때 어떤 글이 더 구매욕을 자극할까?

설명 A 디자인은 물론이고 앉을 때 느낌까지 좋은 의자입니다. 각 부분마다 좋은 재료를 사용해 고급스러움을 더했습니다. 그리고 몸에 맞는 구조로 제작해 앉았을 때의 느낌이 정말 좋습니다. 업무용은 물론, 자택에서 편히 쉴 때에도 딱 맞는 의자입니다.

설명 B 디자인도, 앉을 때의 느낌도 명품! 이것이 이 의자의 콘셉트입니다. 두께감 있는 쿠션과 등받이, 팔걸이까지 세 부분은 당사 특제의 고무나무 소재로 된 성형 합판을 사용해 만들어서 높은 품격을 느낄 수 있습니다. 물론 디자인뿐 아니라 기능성도 중시했습니다. 등받이가 뒤로 부드럽게 넘어가 편하게 기댈 수 있습니다. 사장실에서 중역용 의자로, 자택에서 DVD를 보거나 조용한 음악을 듣고 독서를 하며 몽환의 세계에 빠질 때, 최고의 순간을 마음껏 즐길 때 사용할 수 있는 고급 의자입니다.

어떤가? 나는 설명 B가 훨씬 매력적이라 느꼈다. 왜냐하면 내가 그 의자에 앉았을 때의 구체적인 느낌을 생생하게 떠올릴 수 있기 때문이다.

A가 '각 부분'으로 대충 설명한 데 반해 B는 쿠션과 등받이, 팔걸이 세 부분으로 나누어 자세히 표현했다. 또한 A가 '좋은 재료'라고만 말한 것에 비해 B는 '고무나무 성형 합판'이라고 구체적인 재료를 밝혔다. 소재의 질감까지 느껴져 이야기를 듣기만 해도 편안해진다.

이처럼 자세하게, 구체적으로 설명하면 경험하지 않은 사람에게도 그 느낌을 선명하게 전달할 수 있다. 상대는 그 이야기(상품)에 흥미를 가진다.

'내용을 깊이 이해하도록 돕는' 말하기

묘사력을 키웠을 때의 또 다른 이점인 '깊이 이해할 수 있도록 돕는다'에 대해 설명하겠다.

묘사란, 사건이나 사물의 정보를 최대한 공유하는 작업이라고 할 수 있다.

예를 들어 단순히 '음식'보다는 구체적으로 '바나나'나 '새우'처럼 특정한 음식 종류를 말하는 편이 선명한 이미지로 남는다. 이는 두말할 필요도 없이 당연하다. 나아가 단순히 '바나나' 또는 '새우'보다는 '노랗게 익은 바나나', '입안에서 터질 듯 살이 탱탱하게 오른 새우'라는 설명이 더 생생하게 신선함이 드러난다. 말을 듣기만 해도 식욕이 당긴다.

"불판에 떨어진 육즙이 칙칙 소리를 내는 순간 확하고 열기가 오르며 감칠맛 나는 향이 코를 간질였고, 저절로 군침이 돌았다"라는 말을 들으면 "당장 고깃집에 가자!"는 대답이 나온다.

'기억에 남는' 말하기

마지막으로 '기억에 남는다'에 대해 생각해보자.

사람의 기억은 '의식 작용 → 보유 작용 → 상기 작용'이라는 메커니즘으로 구성되어 있다고 한다. 예를 들어, 수요일에 회의가 있다고 해보자. '수요일에 회의가 있다'는 사실을 인지하는 작업이 '의식 작용'이다. 다음으로 그것을 머리에 보관하는 작업을 '보유 작용'이라고 한다. 끝으로 '수요일에 회의를 한다'고 다시 떠올리는 과정이 '상기 작용'이다. 이러한 일련의 작업을 기억이라고 한다. 이것이 심리학적인 측면에서 기억의 메커니즘이다.

자신이 흥미 없는 일은 '의식 작용' 단계부터 금방 애매해지고, 다음 '보유 작용' 단계에서는 더 대충 기억하며(즉 기억하지 않는다), 그 결과 잊어버린다. 그렇다면 더 강하게 기억에 남기기 위해서는 어떻게 해야 할까? 일련의 기억 작업에서 명료한 이미지가 떠오르는, 묘사력이 뛰어난 표현을 골라 구체적으로 전한다. 이렇게 하면 기억(의식 작용)하기 쉽고, 머리에 남기기(보유 작용) 쉬워져서, 결과적으로 떠올리기(상기 작용) 쉬워진다.

'무엇이 엄청난지' 구체적으로 표현한다

묘사력을 높이려면 고유명사, 숫자, 형용사를 의식적으로 사용한다.

여기서 고유명사와 숫자는 그렇다 치고, 형용사를 사용할 때는 특히 주의해야 한다. '엄청나다', '예쁘다', '멋지다'처럼 평범하고 아무것에나 사용하는 형용사를 많이 쓰면 구체성이 오히려 떨어지기 때문이다.

예를 들어 '엄청난 양의 종이' 또는 '엄청난 비'라고 해도 얼마나 엄청난지 전해지지 않는다. 이럴 때는 '1,000여 장에 이르는 종이', '1시간에 100밀리미터나 내리는 기록적인 폭우'처럼 구체적인 숫자를 써서 표현하면 이해하기 편하다.

굳이 숫자를 쓰지 않고 '엄청난 날씨'라고 말할 때, 직접 그 날씨를 목격하거나 겪은 사람이라면 '엄청나다'가 어떤 의미인지 알 수 있지만, 그렇지 않은 사람은 어떻게 또는 얼마나 엄청났는지 알 수 없다. 대신 '화창한 날씨'라고 말하면 시원한 바람과 기분 좋은 햇살까지 전해진다.

‘멋진 남자’라는 말도 마찬가지로, 잘생긴 남자를 말하는 것인지 인간성이나 성격이 멋지다는 말인지 불분명한데, ‘배려심이 깊고 상냥한 남자’처럼 말하면 그 사람이 자아내는 분위기까지 마치 직접 본 것처럼 전해진다. 이렇게 특징을 나타내는 형용사를 사용하면 상대의 머리에 이미지가 떠올라 정확하고 확실한 정보를 전할 수 있지만, 일반적인 형용사를 많이 사용하면 오히려 역효과가 생길 수 있으니 주의하기 바란다.

사례 ‘숫자와 고유명사’를 활용한다

앞에서 ‘생생하게 묘사하려면 고유명사, 숫자, 구체적인 형용사를 의식해서 쓴다’고 설명했다. 실제로 이런 방식으로 뛰어난 묘사력을 구사하는 사람의 예로는 〈특종!(トクダネ!)〉의 사회자 오구라 도모아키(小倉智昭)를 들 수 있다. 그의 묘사 방식을 분석해보자.

손에 잡힐 듯한 생생함을 연출하는 것이 관건

오구라 도모아키가 진행을 담당하는 〈특종!〉은 뉴스 치고는 가벼운 내용을 다룬다. 방송 시간대가 아침 8시부터 10시까지인 만큼 주요 시청자가 직장인이 아닌 주부층이기 때문이다. 내용을 보면 사건과 사고부터 연예 뉴스까지 전부 합친 종합 보도 프로그램 같은 느낌이다. 그래서 주부들이 시장에서 나누는 수다에나 나올 것 같은 화제도 많다. 이런 내용을 가지고 뉴스로서 흥미를 일으키면서도 유용한 정보를 전달하는 방법을 찾기 위해 많은 고민이 필요할 것이다.

오구라는 시청자가 별로 관심을 두지 않는 내용마저 숫자와 고유명사로 자세하게 이야기함으로써 그 사건을 손에 잡힐 듯이 생생하게 느껴지도록 묘사한다. '그게 나랑 무슨 상관이야'라고 생각하던 사건도 '오, 그랬구나. 그건 몰랐네'라고 흥미를 갖게 한다. 실제 방송 내용을 살펴보자.

숫자와 이름, 고유명사를 적절히 활용한다

> (프로 야구선수, 소프트뱅크의 투수 스기우치 도시야(杉內俊哉)에
> 대해 이야기한다)

오구라 …스기우치 선수가 5회 투아웃까지는 괜찮은 투구를 보였어요.
그런데 투아웃까지 잡은 뒤에 사토자키 도모야(里崎智也)와 니시
오카 츠요시(西岡剛)에게 연타를 맞고, 다음 기요타 이쿠히로(清田
育宏)에게 볼넷을 내줘 만루가 되고, 또 타자를 공으로 맞혀버리
는 바람에 …(중략)… 그때가 3년 전이었죠. 스기우치가 강판당
하고 벤치에 들어가서는 근처에 걸리는 걸 무턱대고 두드렸다가
손에 두 군데 골절상을 입었어요. 그래서 그 시즌을 전부 날렸죠.
그런 투수이니 이번에 얼마나 낙담했을지 충분히 짐작됩니다. 한
편 롯데는 작년에 보비 밸런타인(Bobby Valentine) 감독이 그만두
고 …(하략)…

이런 식으로 잇따라 숫자와 고유명사를 군데군데 끼워 넣는다.

어떻게 이 많은 것들을 외워서 적절히 써먹을 수 있나 싶을 정도로 세세한 정보가 막히지 않고 흘러나온다. 그의 이야기를 들으면 직접 보고 체험한 듯한 생생함이 느껴진다.

자세히 들어보면 사실 그리 중요한 이야기나 정보는 없다.

주제가 그리 명확한 것도 아니다. 그러나 숫자와 고유명사를 적절히 사용하여 자세히 묘사하기 때문에 이야기가 생생하고 재미있다. 듣다 보면 자신도 모르게 이야기에 빠져들게 된다.

한국에서 이런 방식에 능한 사람으로는 축구 해설자 박문성을 들 수 있다. 그가 SBS 〈풋볼매거진 골!〉에 출연하여 생생하게 이야기를 전달하는 장면을 분석해보자.

(한국 프로 축구 시합 결과 설명)

박문성　…수원이 확실히 많이 달라졌어요. 특히 이날 경기는 <u>윤성호 감독이 숭실대 시절부터 썼던 4 - 1 - 4 - 1 포메이션을 사용했습니다.</u> 오른쪽 수비수인 <u>오범석 선수를 수비형 미드필더로 기용</u>하는 깜짝 기용이 나왔는데 …(중략)… <u>마르셀이 머리로 떨어뜨려줬고, 오장은 선수가 골 결정력을 보여주면서</u> …(중략)… <u>여기서 이현진 선수가 교체 투입되어 PK를 얻어내죠.</u>

이렇게 구체적인 상황을 묘사함은 물론, 감독의 과거 이력 등도 언급함으로써 정보를 제공함과 동시에 생생함을 살린다는 것을 알 수 있다.

 묘사 일기를 써보자

보고 들은 것을 자세히 말하는 연습으로는 '묘사 일기'를 쓰는 것이 효과적이다.

보통은 이런 식으로 일기를 쓸 것이다.

'오늘도 평소처럼 집에서 공원까지 가서 조깅을 했다. 요즘 점점 쌀쌀해진다. 오늘은 거의 끝날 때가 다 되어서야 땀이 나기 시작한 걸 보고 정말 추워졌다는 사실을 실감했다.'

이제 이 내용을 최대한 자세히 써보자.

'오늘도 평소처럼 조깅을 하려고 집에서 시민공원으로 향했다. 먼저 집에서 출발해 J거리까지 이어지는 경사를 걸었다. 처음에는 D빌라가 있고, 다음에 M씨가 살고 있는 단독주택, 그 뒤로 K여관이 있다. 그 대각선 방향 앞에 자리한 공영주차장의 왼쪽에 있는 음료수 자판기에서 500밀리리터짜리 생수를 샀다. 이어지는 비탈길의 N호텔과 M오피스 건물 옆을 지나 300미터 정도 올라갔다. 시민공원의 중앙입구를 사이에 둔 사거리 앞에 섰다. 최근에 덧칠을 한 횡단보도의 신호등이 바뀌고, 그때부터 조깅을 시작했다. 제법 날씨가 쌀쌀해진 탓인지 숨을 내쉴 때마다 뿌연 입김이 마치 담배연기처럼 뿜어져 나왔다.'

이렇게 평범한 일상을 밑줄 친 부분처럼 자세히 묘사해본다. 직접 해보면 항상 보고 겪는 일들도 뜻밖에 기억이 모호하거나 자세하지 않고, 전혀 의식하지 못하고 지나쳤던 것들도 있었다는 사실을 깨닫는다. 우선은 자세한 풍경을 전하려고 의식하자. 금세 묘사력이 좋아질 것이다.

> 다음 각 상황들을 가능한 자세히 묘사 일기에 써보자.
>
> ① 오늘 출근길에 본 것과 겪은 일들
>
> ② 쉬는 시간에 있었던 일들
>
> ③ 오늘 퇴근길에 본 것과 겪은 일들

9 토론은 말싸움이 아니라 논리싸움이다

핵심 상황을 지배하는 '정의하기' 대화술

개인의 경험만으로 논쟁해봐야 소용없다

'회의를 항상 다양한 의견이 나오는 활발한 토론의 장이 되도록 하려는데 의견은 모이지 않고 흐지부지 끝나는 일이 많다. 아무도 의견을 맞춰가지 않는 것처럼 보인다. 왜 그럴까?'

이런 의문이 든 적은 없는가?

'영업부 S사원의 형편없는 실적'에 대해 영업 제1과에서 그 이유를 이야기했다. 그 모습을 잠깐 살펴보자.

A부장	업무일지를 보면 알겠지만 S씨는 방문 건수가 너무 적어. 요즘 같은 시절에 하루에 세 건도 방문하지 않으면 실적이 오를 리 있나.
B과장	그보다 S씨가 영업을 갈 때 타이밍이 좋지 않아요. "이미 다른 회사로 결정했어요"라는 식으로 말이죠. 운이 없는 거 아닐까요? 다음 달에는 실적이 달라질 것 같아요.
C대리	솔직히 영업사원에게 필요한 자질이라는 게 있잖아요. S씨는 말주변이 없으니까 애초에 영업이랑 안 맞는 거 아닙니까?

이는 어느 회사에서든 볼 수 있는 토론 모습이다.

안타깝게도 이런 식으로는 아무리 이야기해봐야 S사원의 실적이 오르지 않는 이유를 찾을 수 없고, 당연히 대책도 세울 수 없을 것이다.

지금 이 세 명은 토론을 하는 게 아니라 자기 경험만으로 이루어진 개인적인 '영업관'을 주장하는 데 지나지 않는다. 만약 누군가 이렇게 말했다면 어땠을까?

K대리 우리 같은 컨설팅 회사의 영업사원에게 요구되는 사항에 어떤 것이 있는지 생각해보니, '다른 회사와 차별화할 수 있는 고급 정보를 얼마나 많이 가졌는가'가 핵심입니다. S씨는 지금까지 인맥으로 영업했어요. 따라서 지금 S씨에게 필요한 건 정보, 그것도 '우리 회사 상품 구성에 따른 효과'를 구체적으로 각 사에 제공할 수 있는 정보라고 생각합니다. 이 정보만 충분히 전달할 수 있게 된다면 다른 회사도 S씨가 방문하는 것을 반길 테고, S씨의 제안에 귀를 기울이지 않을까요?

이렇게 말하면 다른 세 명보다 훨씬 설득력 있고, 상대는 반론하지 못할 것이다.

이처럼 '격이 다른 설득력'은 어디서 생긴 것일까? 그것은 세 명보다 수준 높은 의견을 말했기 때문이다.

K대리가 보다 수준 높은 의견을 말한 비결은 무엇일까? 바로, 자신이 생각하는 '영업 업무'를 '정의'한 것이다.

이야기 안에서 '정의하기'란?

'정의(定義)'라는 말은 다소 딱딱한 느낌이 든다. 혹시 고등학교 시절에 배운 수학을 떠올린 사람이 있을지도 모르겠지만, 사전을 찾아보면 '개념이 속하는 가장 가까운 유(類)를 들어 그것이 체계 가운데 차지하는 위치를 밝히고 다시 종차(種差)를 들어 그 개념과 등위(等位)의 개념에서 구별하는 일'이라고 되어 있다. 아무리 읽어도 이해할 수 없어서 내 나름대로 해석해본 결과는 다음과 같다.

<u>의견을 주장할 때 상대와 이야기할 자리를 자신이 만드는 것.</u>

이것이 바로 내가 정의한 '정의하기'라는 말의 의미다. 그리고 이 자리를 만드는 것으로 참가자를 토론의 장으로 이끌 수 있다.

격투기에 비유하면 정의하기의 의미를 파악하기 쉬울지도 모르겠다. 어떤 사람은 권투를, 어떤 사람은 유도를, 또 어떤 사람은 레슬링을 하려고 하는 상황이다. 그들은 저마다 '내가 바로 챔피언이다'라며 아무도 양보하지 않아 도저히 끝이 나지 않는다. 종목이 다르니 싸우는 규칙도 달라서 처음부터 시합이 되지 않는 상태다(앞에서 말한 S씨 상황과 비슷하다).

이때 "이 링(자리) 안에서 킥복싱을 합시다. 규칙은 이렇습니다. 이 규칙으로 챔피언을 정합시다"라고 제안한다. 경기장을 정해버리는 것이다.

얼핏 공정해 보이지만 사실 시합을 지배하는 것은 '경기장이자 규칙'이라는 점에 주의하라. 실력이 비슷할수록 규칙에 따라 승패가 결정되는 경우가 많다. 따라서 자신에게 제일 잘 맞는 정의를 내려, 자기 경기장으로 데려와서 싸우는 편이 유리하다. '정의가 자리를 결정한다'고 할 수 있다.

여차하면 유명한 사람의 말을 인용하라

정의하기의 효과를 살펴보자.

다음은 A씨가 "Y부장님은 성공한 사람이네요"라고 했을 때 나온 다양한 반론을 가정해본 것이다.

B대리   아니지, Y부장님은 G씨보다 연봉도 낮으니까 아직 성공했다고 할
        수는 없지.

C과장   그런가? Y부장님은 자신감이 넘치고, 풍채도 좋고 품격 있어 보이
        니까 성공했다고 할 수 있지 않나?

D대리   풍채요? 그런 건 상관없잖아요. 솔직히 괜히 으스대는 것처럼 보
        이기도 하고요.

E과장   그래도 Y부장님은 BMW를 타고 다니고, 삼 층짜리 집도 있어. G씨
        보다 연봉은 낮지만, G씨는 아직 전세방에서 살고…. 그렇게 보면
        Y부장님은 충분히 성공했지.

보다시피 '성공한 사람'에 대해 저마다 기준이 달라 자신
이 생각하는 이미지만 막연하게 늘어놓을 뿐이다. 이래서
는 좀처럼 이야기가 끝나지 않는다.

누군가 이렇게 말하면 어떨까?

F사원   성공한 사람이란 자신의 강점과 약점을 충분히 이해하고, 거기에
        따라 자기 강점을 가장 잘 살리는 사람입니다. 그렇게 보면 Y부장
        님은 '마케팅'이라는 강점을 잘 살려서 일하고 능력도 인정받고 있
        으니까 충분히 '성공한 사람'이라고 할 수 있지 않을까요?

이야기가 한군데로 모이지 않을 때 이렇게 다른 사람보다 한 단계 높은 수준에서 '성공한 사람'을 정의함으로써 토론의 자리를 만들고, 거기서 이야기하도록 몰아간다. 여기서 중요한 것은 모두가 반대하기 어려운 정의를 내려야 한다는 점이다.

만약 정의를 내리는 것에 자신이 없다면(정의 내리기에 처음부터 자신 있는 사람은 거의 없다) 다른 유명한 사람의 말을 빌려도 좋고, 사자성어를 써도 좋다.

"카네기가 '인생에서 성공한 사람은 ~이다'라고 했는데, 그렇게 보면…"

이런 식으로 해본다. 다른 사람도 아니고 카네기가 한 말이라면 웬만해서는 반대하지 않을 것이다. 이 방법은 누구든지 바로 할 수 있고, 다른 사람도 납득해서 그 정의를 받아들이게 된다.

'정의하기'의 장점

자신이 자리를 만들면 두 가지 장점이 있다.

1. 이야기할 논점을 모으는 데 도움이 된다. 기준도 없이 막연하게 토론해봐야 아무것도 나오지 않지만, 정의를 명료하게 하면 결론을 내리고 대책을 세우기 쉽다.

2. 정의를 통해 상대를 자기 영역으로 데려와 토론을 유리하게 끌어갈 수 있다. 이를 의식해서 하는 사람은 찾기 어렵다.

내 경험으로 미루어, 세상에서 정의를 가장 잘하는 사람은 미국인들이다. 그들은 정의의 달인들로, 현재도 그 힘으로 변치 않는 지위를 누리고 있다.

'정의하기'의 위력과 충격

'정의'에 대한 이야기도 겸해 잠깐 내 경험을 소개하겠다. 지금으로부터 30여 년 전, 내가 일반 회사에 다니던 시절 H라는 미국인 동료가 있었다. 그는 아이비리그(Ivy League) 대학을 졸업하고, 일본에서 일하며 모은 돈으로 나중에 미국에 돌아가 MBA를 따려는 계획을 세웠다. 후에

다트머스(Dartmouth) 대학원에서 실제로 MBA를 땄다. 아직 MBA 취득자가 적은 시절이었으니 그야말로 초 엘리트라고 할 수 있다.

나는 그에게 일본어를 가르쳤다. 그러면서 나도 영어 실력이 늘었다. 또한 좋은 친구였기에 아주 편하게 수업할 수 있었다.

당시 나는 전형적인 열혈사원으로, 아침 7시부터 밤 11시까지 근무하는 것이 기본이었다. 말 그대로 '세븐 일레븐' 상태였다.

처음에는 가벼운 마음으로 수업했지만, 아무래도 점점 부담스러워졌다. 그런 어느 날 내가 H에게 이렇게 제안했다.

"내일은 아침 일찍 회의지? 그럼 오늘 밤 수업은 하지 말까?"

속으로는 "그러자"라는 대답을 기대했으나 다른 답이 돌아왔다.

"아니, 오늘 밤도 꼭 하자!"

솔직히 아쉬웠지만 마음을 다잡고 이렇게 물었다.

"정말 열심히 하는구나. 어떻게 그렇게까지 할 수 있지?"

그때 그는 전혀 생각지도 못한 답을 들려주었다.

"한 번 정한 일을 끝까지 해내지 못하는 사람은 인생의 실패자(Loser)가 된다고 하지. 난 그런 실패자가 될 생각은 없으니까."

H는 '인생의 승리자와 실패자'에 대해 정의했다. '한 번 정한 일을 끝까지 해내는지 못하는지'를 기준으로 삼았다. 그때 처음으로 '정의'라는 기법이 존재한다는 사실을 알았다. 놀라움을 넘어서 충격적이기까지 했다.

나는 기껏해야 "알았어"나 "아니, 오늘밤도 할래" 같은 단순한 YES or NO를 예상했는데, 그는 한 차원 높은 답을 해서 다른 나라 사람인 나도 의도를 이해할 수 있었고, 본질을 꿰뚫어서인지 무척 설득력 있었다.

그 뒤로도 미국인들과 일할 기회가 많았고, 이런 식으로 '정의하기'와 여러 번 마주했다. 예를 들어 내가 회사를 갓 세웠을 무렵 일했던 미국인 T도 그런 사람 중 하나였다.

영업 회의 자리에서 있었던 일이다.

"F씨는 아무리 말해도 영업 실적이 안 오르네. 왜 그럴까?"

내가 이렇게 중얼거리자 T가 말했다.

"팔 의욕이 없는 사람은 이미 영업이라는 일을 포기한 것과 마찬가지죠. 그러니 사장님이 뭐라 하셔도 F씨에게는 효과가 없을 겁니다."

동양인은 이런 말을 들으면 반격도 못한다.

자리를 만든 사람의 주장이 통한다

'다민족 국가'라는 배경은 미국인이 정의를 잘하는 이유 중 하나일 것이다. 언어, 종교, 생활과 문화 등 여러 면이 다른 사람들이 모인 사회에서 동양인처럼 토론해서는 절대로 결과가 나오지 않을 것이 눈에 훤하다.

이를 해결하려면 무엇이 필요할까? 다른 사람보다 한 차원 높은 시점에서 제안하고, 토론의 장을 만드는 것이다. 당연히 자리를 잘 만드는 사람만이 토론의 장을 진정시키고 자기주장을 밀고 나갈 수 있다.

이와 동시에 또 하나 주의해야 할 것은, 자기주장을 하면서도 상대의 동의 또한 얻어야 한다는 사실이다. 미국인은 이 점을 잘 알고 있지만 아쉽게도 동양인은 잘 모르는 경우가 많다. 겉치레든 진심이든 적어도 어느 하나는 상대도 동의할 수 있는 내용으로 정의해야 한다. 미국인들은 이런 일을 무척 쉽게 해낸다.

사례 아무도 반론할 수 없는 절대적인 힘

앞에서 정의하기를 잘하는 동양인을 찾기 어렵다고 했다. 그러나 의식적으로 정의해서 상황에 대응하는 사람이 있다. 바로 진중권 교수다. 여러 토론 프로그램이나 현안에 대해 언급하면서 이슈가 되는 사람인 만큼 그에 대한 호불호(好不好)가 극명하다. 나는 여기서 그의 의견이 항상 옳다거나, 그의 사상에 동의 또는 반대한다는 말을 하려는 것이 아니다. 다만 그가 여러 토론 프로그램에서 보여준 '정의하여 말하기'의 위력에 대해 설명하고자 할 뿐이다.

강력한 '설득하기'의 원천은?

진중권 교수는 토론 프로그램에서 반대 의견을 내세우는 패널의 의견에 반박할 때 '정의하기'를 사용하는 경우가 많다. 그럴 경우 상대방은 딱히 반박할 말을 찾지 못하여 조용히 있거나, 다른 쪽으로 말을 돌리기도 한다.

2007년 7월 19일, EBS의 〈토론카페〉에 출연하여 토론한 장면을 예로 들어보겠다.

반대 패널   그 의견을 옹호하는 많은 분들이 '문화적 상대주의'를 거론하면서, 마치 도덕적 정당성을 획득한 것으로 생각합니다. …(중략)… '문화적 상대주의'는 '윤리적 보편주의'에 의해서 그것이 도덕적으로 적합한가에 대한 검증이 우선되어야 한다고 생각합니다. '윤리적 보편주의'란 각 나라마다 문화는 다르지만, 일관된 하나 이상의 도덕이 존재한다고 보는 견해입니다. …(중략)…

진중권   제가 반론을 펴겠습니다. '문화 상대주의'라는 말이 어디에서 나왔느냐면, '모든 것이 윤리적 보편주의로 설명되지 않는다'는 견해에서 나옵니다. 또한 '모든 것의 윤리적 보편'이라는 것이 '서구의 보편'이었거든요. 그러다 보니 자기들과 다른 것은 다 '야만'이라고 했습니다. 그 반성에서 통약 불가능성, 약분이 안 되는 부분을 살리자는 게 바로 '문화적 상대주의'입니다. …(중략)…
지금 이 문제야말로 '문화 상대주의'입니다. 통약 불가능하기 때
문에 '문화 상대주의'가 적용되어야 할 문제인 거죠.

'대화술'이 아니라 '정의력'이 뛰어나다!

사실 당시 토론의 주제가 우리나라에서는 워낙 오래전부
터 이어져온 뜨거운 감자라고 할 만한 사항이기에, 그의 의
견은 문제가 될 수도 있었다. 또한 반대편 패널의 거센 반
발이 이어질 수도 있는 상황이었다.

하지만 그는 상대편이 사용한 용어에 대해 명확히 정의
했다. 뿐만 아니라 상대 의견의 오류까지 찾아냄으로써 반
박의 여지를 없앴다. 즉, 용어의 의미에 대해 '정의'하고, 거
기다 그 용어가 현 상황에 어떻게 적용되어야 하는지까지
명확히 제시했다. 그리고 상대가 반박하지 못하자 '결론'
을 다음과 같이 몰아붙였다.

- 정의 : 문화 상대주의란 '윤리적 보편주의'로 설명할 수
  없는, 통약 불가능한 부분을 인정하고 살리기 위해 나타

난 개념이다.

– 결론 : 현재의 문제는 통약 불가능한 문제이기에, '문화
상대주의'를 적용해야 한다.

순간적으로 '정의'하는 힘

그러나 솔직히 말해서 이것뿐이라면 놀랄 정도는 아니
다. '정의하는 사람'은 나를 포함해서 많은 사례를 봤기 때
문이다. 사실 그의 가장 대단한 점은 이런 정의를 '순간적
으로' 해낸다는 데 있다.

방송을 보는 사람들은 '진중권의 강한 말투 탓에 상대 패
널이 압도당해 버렸다'라고 오해할 수도 있다. 하지만 사실
은 전혀 다르다. 진중권이 상대의 의견을 하나하나 꺾어갈
수 있는 가장 큰 이유이자 대화술이 뛰어나 보이는 이유
는 사실 이 정의하기 능력 덕분이다. 그것도 무척 어려운,
'순간적으로 정의하기'를 사용한다. 그렇기에 진중권 교수
의 의견이나 사상이 어떻건 그의 '정의하는 능력'에는 경
의를 표한다.

사자성어를 '간결하고 빠르게' 설명하라

정의하기를 연습할 때는 사자성어나 속담을 설명하는 방법을 추천한다. 이때 최대한 간결하게 표현하도록 해보자. 간결하게 표현하려면, 가능한 높은 차원으로 간추리는 것이 좋다.

'일기가성(一氣呵成)'이라는 사자성어를 예로 들어보자. 처음에 이렇게 설명했다.

지속적으로 하는 것이 아니라 단박에 몰아쳐서 행동하는 것.

이 정도면 80점이라고 할 수 있겠다. 가능한 한 간결한 표현이 좋으니 '단박에 집중해서 행동하기'가 더 좋다. 차원이 높은 간추리기란 이런 것이다.

여기서 중요한 점은 간결하게, '순간적으로' 간추려야 한다는 것이다. 이 두 가지를 모두 연습하면 순간적으로 정의할 수 있다. 정의하기는 대화에 딱 들어맞는 내용으로 해야 한다. 꼭 연습해서 이 힘을 키우자.

한 번 더 연습해보자. 이번에는 속담이다.

'미운 풀이 죽으면 고운 풀도 죽는다.'

이것을 간결하게 표현해보자.

'유사시에는 약간의 희생을 감내하는 것.'

'대의를 위해서 무언가를 희생하는 것.'

사전에서 의미를 찾지 말고, 먼저 자신의 지식만으로 해보는 것이 좋다.

마지막으로 연습에서 쓸 수 있는 몇 가지 속담과 사자성어를 제시하겠다.

사자성어 : 대동소이(大同小異), 각주구검(刻舟求劍)

속담 : '어사 덕분에 큰기침한다', '중이 미우면 가사(袈裟)도 밉다'

처음에 생각한 답을 더 짧고 간결하게 줄일수록 정의하는 능력을 키울 수 있다.

10 화젯거리가 많으면 대화가 풍성해진다

핵심 화제가 풍부한 사람이 되자

항상 이야깃거리가 끊이지 않고 새로운 정보가 넘쳐나 화제가 풍부한 사람. 이런 사람은 대개 말을 잘하고 매력적이다.

'대체 언제 그런 정보를 입수할까?'

'용케 그렇게 세세한 것까지 알았네.'

'신문에도, 인터넷에도, 텔레비전에도 안 나오는 걸 알고 있다니…. 대체 누구한테 들었지?'

주위에 이런 사람이 한 명 정도는 있지 않은가? 요즘은

신문, 텔레비전은 물론 인터넷 블로그, 트위터에 이르기까지 다양한 정보 매체가 있다. 이렇게 정보가 과다한 시대에는 오히려 '정보통'이라 불리는 사람이 되기 더 어렵다.

이런 정보사회에서 살아가는 사람은 화제를 만들기 위해 어떤 정보를 어떻게 손에 넣을까?

아웃풋 효율이란?

화제를 만들기 위한 정보를 수집할 때 그 기준이 되는 것을 나는 '아웃풋 효율'이라고 한다. 이는 내가 만든 말이다. 한마디로 '인풋(Input)한 정보량과 아웃풋(Output)한 정보량의 비율'을 뜻하는 말로, 당연히 이 비율이 높을수록 아웃풋 효율이 높은 것이다.

만약 아무리 많이 인풋해도, 예를 들어 수백 권이나 되는 책을 읽어도 그 정보를 다른 사람에게 전달하거나 블로그에 올리는 식으로 아웃풋하지 못하면 아웃풋 효율은 굉장히 낮다고 할 수 있다.

따라서 아웃풋 효율이 높은 사람이 화제가 풍부한 사람이라고 할 수 있다. 이 효율을 올리는 것을 목표로 먼저 정보를 수집해보자.

사례 분야를 먼저 정한다

자신의 주력 분야를 정한다

아웃풋 효율을 끌어올리는 첫걸음은 먼저 자신의 주력 분야를 정하는 것이다. 자기 분야를 정하지 않으면 정보를 수집할 수 없다. 분야를 좁히지 않은 채로 인터넷이나 책을 보면 그저 흰 바탕에 까만 글씨가 흘러갈 뿐이다.

내 경우를 소개하겠다. 나는 '거시적인 경제동향', '일반적인 비즈니스', '비즈니스 커뮤니케이션' 세 가지 분야를 중심으로 정보를 모은다. 분야만 정해지면 정보 수집 매체도 저절로 정해진다.

일단 신문. 〈일본경제신문(日本経済新聞)〉, 때로는 〈닛케이산업신문(日経産業新聞)〉도 읽는다.

잡지도 좋은 정보 수입원이다. 〈닛케이비즈니스(日経ビジネス)〉에서는 세 가지 분야 중 '거시적인 경제동향'과 '비즈니스 커뮤니케이션' 관련 정보를 주로 수집하고, 특히 일반 직장인의 동향을 파악하는 데 중점을 둔다. 〈프레지던트(プレジデント)〉에서는 '일반적인 비즈니스'나 '비즈니스 커뮤니케이션'과 같이 경영자의 동향을 파악한다.

텔레비전은 NHK의 〈클로즈업 현대〉와 〈NHK 스페셜〉에서 비즈니스와 관련된 방송만 녹화해 쉬는 날에 모아서 보려고 한다.

그 밖에 도서 집필이나 연수를 위해서 특정 분야에 집중하기도 한다. 예를 들어 《비즈니스 글쓰기(ビジネス・ライティング)》라는 책을 집필했을 때는 서점에 가서 관련된 책 20권 정도를 한꺼번에 사서 읽었다.

인터넷에서는 앞서 말한 분야를 조사하는 것이 아니라 동종업계 타사의 홈페이지나 관련 인터넷 쇼핑몰을 위주로 날마다 살펴본다.

이처럼 자기 분야를 정하면 정보를 수집하는 패턴이 저절로 생긴다. 다시 정리를 하자면, 아웃풋 효율을 높이는 첫걸음은 '자신의 분야를 정하는 것'으로, 이를 통해 조사할 매체를 좁힐 수 있다.

인풋 효율을 높인다

분야와 매체를 좁힌다고는 해도 상대적으로 줄어들 뿐이지, 사실 그 양은 만만치 않다.

"야스다 씨는 사장 일과 연수, 상담까지 하면서 이렇게 많은 자료를 읽습니까? 용케 그런 시간이 나네요"라고 깜짝 놀라는 사람들이 많다. 확실히 이 모든 매체의 정보를 전부 읽으려면 설령 하루가 48시간이라 해도 부족하다. 실제로 나는 내 분야의 정보를 단순히 모으기만 하고 읽지는 않는다.

좀 더 정확히 말하자면, 건성건성 읽는다. 선을 긋거나 페이지를 접고, 직원에게 그 부분만 컴퓨터로 정리해달라고 해서 정보를 축적한다. 절대로 한 글자씩 읽지 않는다.

이런 방법을 쓰면 책 한 권을 읽는 데 30분도 안 걸린다. 저자가 무슨 말을 하고 싶은지, 무엇이 어떻게 변하는지만 알면 충분하다. 그렇게 읽지 않으면 다른 일을 할 수가 없다.

이렇게 재빨리 정보를 수집하고, "요즘 ○○이 문제인 모양이더군요"라고 화제를 끌어내는 것이다. 이처럼 자기 분야를 정하고, 아웃풋 효율을 높이면 인풋 효율도 높아지니 참 신기한 일이다.

내 주위에 비즈니스 도서를 한 달에 110권이나 읽는 사람이 있는데, 아웃풋하는 모습을 본 적이 없다. 숫자만 채워서는 아무 의미가 없다. 그 후 얼마나 아웃풋할 수 있는지 그 효율이 문제다. 즉, 목적 없는 자기만족을 위한 독서는 시간낭비다.

분야를 정하면 전문가가 될 수 있다

자기 분야를 정하고 아웃풋 효율을 의식하여 정보를 수집하면 사실 상당한 전문가가 될 수 있다. 분야를 정하면 넘치는 정보 가운데 확실하게 초점을 맞춰 필요한 정보를 모을 수 있고, 같은 정보라도 그저 막연히 보는 것이 아니라 자기 분야와 관련지어 보기 때문에 나름대로 해석도 해볼 수 있다. 그렇게 되면 점점 그 분야의 정보가 늘어나고 더 세세하게 알아갈 수 있는 것이다. 다시 말해 그 분야에 대해 화제가 풍부해진다는 뜻이다.

처음에는 한 가지 분야로 시작하더라도 점점 그 영역이 넓어진다. 확실한 목적을 갖고 효율 높은 정보 수집을 1년 동안 계속해보기 바란다. 처음에는 아주 좁던 영역이 1년만 지나면 상당히 넓어진다. 그러다 보면 어느새 화제가 풍부한 사람이라는 말을 듣고 있을 것이다. 이는 '말하기'라는 목적이 있기 때문에 가능한 일이다. 또한 특정 분야로 좁힘으로써 매력적인 사람이 될 수 있다는 증거가 되기도 한다.

아웃풋 효율을 높이기 위해서

아웃풋 효율을 높이려면, 먼저 '어떻게 인풋해야 할지'를 생각해보기 바란다. 인풋을 하려면 최종적으로 '아웃풋하는 자기 모습'을 먼저 떠올린다.

즉 '어떤 분야에서 이야기할 것인가'를 처음에 정한다. 다음으로는 정해진 분야의 다양한 내용 가운데 '어떤 주제를 뽑아낼 것인지'를 정한다. 끝으로 그 주제의 정보를 수집하기 위해 '가장 적절한 매체'를 고른다. 신문이라면 일반 신문인지 특정 분야의 신문인지 선택한다. 신문은 처음부터 스캔하기보다 가위로 잘라 A4 용지에 붙이는 편이 빠르게 처리할 수 있다. 나중에 읽어보고 '보존해둘 가치가 있다'고 생각되면 그 단계에서 스캔해서 컴퓨터에 저장하는 것이 좋다. 또한 요새는 종이 신문과 인터넷 신문이 같이 발간되는 경우가 많기 때문에, 신문사 홈페이지에 접속해 다운 받는 방법도 괜찮다고 본다.

그렇다면 잡지는 어떤 것이 적절할까? 잡지는 정기적으

로 발행되기 때문에 주제를 정하면 정보를 수집할 때 가장 믿을 만한 매체다. 평소 읽지 않는 잡지라도 특집에 따라 사서 읽으면 좋다.

인터넷은 옥석이 한데 뒤섞인 만큼 신뢰할 만한 기관에서 나온 최신 자료나 동향을 알아두면 도움이 된다. 또한 신뢰할 수 있는 의견을 게시하는 전문 블로그를 찾으면 시점이 더욱 넓어진다.

아웃풋 효율을 올리기 위한 인풋 방법을 고른 후에는 주위 사람에게 끊임없이 '말해서' 전파하는 방법이 좋다.

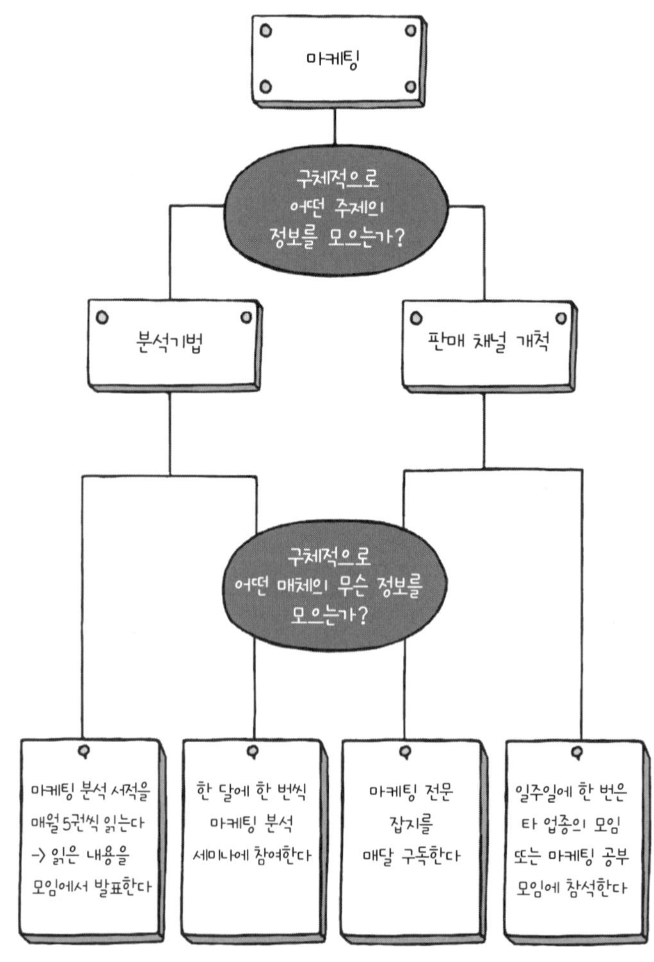

▲ 분야를 정하고 정보를 수집하는 방법

3

순식간에
휘어잡는 대화법

11 1분 스피치를 할 때는 교장선생님이 되지 마라!

핵심 주제를 뽑아낸다

전문가와 비전문가가 찍은 사진은 어떻게 다를까?

'주제를 뽑아낸다'는 말의 구체적인 의미가 무엇인지 쉽게 이해가 되지 않을지도 모른다. '주제 정하기'도, '주제를 더 깊이 파고들기'도 아닌, '주제 뽑아내기'라는 말은 대체 무슨 뜻일까?

주제 뽑아내기는 사진 찍기와 비슷하다.

최근에는 휴대전화 카메라도 성능이 비약적으로 좋아졌다. 1,000만 화소는 보통이고, 누구나 언제든지 휴대전화로 충분히 '화질이 좋은' 사진을 찍을 수 있다. 하지만 누구나 '훌륭한' 사진을 찍을 수는 없다. 훌륭한 사진이 찍힐지 아닐지는 결국 촬영기술에 따라 달라지기 때문이다. 실제로 같은 카메라를 쓴다고 해도 전문가와 비전문가가 찍은 사진은 확연하게 다르다.

그 가장 큰 차이는 '장면을 찍는 방법'이다. 비전문가는 막연하게 셔터를 누르는 데 비해, 전문가는 피사체(被寫體)를 보고 자신이 표현하거나 나타내고 싶은 모습과 장면을 정확히 담아내기 때문에, 전문가가 찍은 사진에서는 '주목!'이라

는 듯한 명쾌한 시점을 느낄 수 있다. 그래서 같은 풍경, 같은 인물을 찍어도 전문가의 사진에는 확 끌어당기는 힘이 있어서 보는 사람을 매료한다. 말하기도 마찬가지로 '뽑아낸 주제(=시점, 착안점)'가 없으면 분명한 목적이 없어 말하고자 하는 바를 알기 어렵고 아무 흥미도 일

으키지 못한다. 이래서는 이야기를 들어도 재미가 없다.

우선순위가 낮은 이야기는 잘라낸다

그렇다면 이야기를 어떻게 뽑아내면 좋을까?

다음의 두 가지 기준을 의식하면 도움이 될 것이다.

1. 말하고 싶은 핵심을 명확히 한다
2. 상대의 흥미를 특정 분야로 좁힌다

바로 이 두 가지다. 먼저, '말하고 싶은 핵심을 명확히 한다'는 말을 살펴보자. '당연히 하고 싶은 말이 있으니까 말하는 거 아닌가?'라는 생각이 들 수도 있다. 그러나 주제를 분명하게 좁혀서 말하는 것은 의외로 어렵다. 왜냐하면, 우리는 무언가를 전하려 할 때 몇 가지 화제가 동시에 떠오르고, 무엇을 말할지 망설이기 때문이다. 그러다 머리에 떠오른 순서대로 이야기를 시작하고, 결국 이야기는 맥락 없이 끝나버리고 만다. 예를 들어, 실수를 한 부하에게 주의를 주려고 말을 꺼낸 상황을 생각해보자.

"이 기획서 말인데, 이 참고 자료는 좀 오래되지 않았나? 틀린 거 아냐?"

이렇게 말을 시작한 순간 상사의 머리에는 부하 직원의 다른 잘못이나 불만이 떠올라 그것들도 맥락 없이 입 밖으로 내뱉는다. 그 결과 어떻게 될까?

"도대체가 말이야, 전에도 나랑 함께 갔을 때 약속 장소를 잘못 알아서 나한테 피해 준 적 있지. 그리고 이 문장, 이거 틀렸잖아. 어이구, 정말… 이런 건 대체 어떻게 해야 고칠는지."

이런 식으로 불만 내용이 계속 변한다. 그러니 야단을 맞는 부하는 뭐가 잘못됐고 무엇을 고쳐야 하는 건지 알 수 없다.

이런 경우에는 접근 방법을 바꾸어본다. 즉 '문제점을 알리는 것'이나 '문제가 왜 일어나는지 반성하게 하는 것' 또는 '문제의 해결 방법을 제시하는 것' 등, 하나의 목표만을 미리 정해 말을 해보면 좋다. 그만큼 이야기 내용이 깔끔해져 부하도 충분히 이해할 수 있고, 반성을 통해 개선안을 세울 수 있다.

여기서 중요한 점은 이야기 안에서 가장 중요한 핵심이 무엇인지, 다음에 말할 내용은 무엇인지 우선순위를 세우는 것이다.

우선순위를 잘못 정하면 이야기의 인상이 약해진다. 바

꾸어 말하면 주제를 뽑아내기 위해서는 우선순위가 높은 핵심 외에는 전부 잘라낸다고 생각해야 한다.

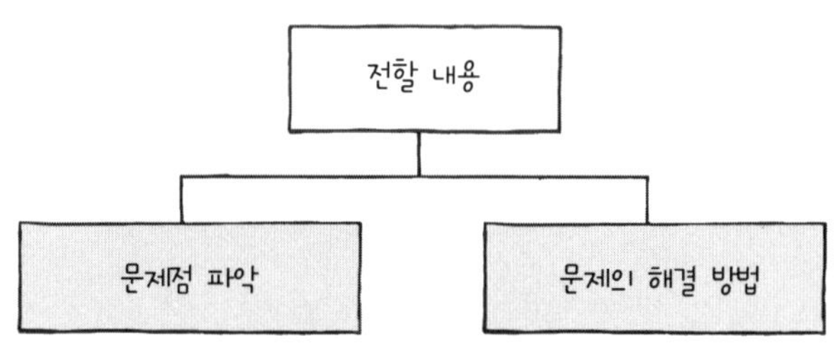

▲ 미리 목표를 정해서 말한다

상대가 받아들이도록 말한다

다음으로, '상대의 흥미를 특정 분야로 좁힌다'는 더 어려운 작업이다. 아무리 좋은 내용이라도 상대가 들을 마음이 없다면 아무 소용없다. 즉, 어떤 말을 들어야 즐거움이나 흥미, 감탄 등의 반응이 있을지를 미리 생각하고 분야를 정해야 한다. 이는 연습을 하지 않으면 상당히 어렵다.

예를 들어 친구와 술집에서 기분 좋게 잡담하는 경우를 상상해보자. 그럴 때 당신은 자기 이야기가 친구에게 '받아들여질 것이라는 확신'을 갖고 이야기하는가? 아니면 '받아들여지도록 노력'하면서 이야기하는가? 친구 사이니까 의식하지 않아도 문제는 없을 것이다. 그런데 만약 처음 만나는 중요한 상대, 예를 들어 미팅에서 마음에 드는 사람을 만났을 때는 어떨까? 제대로 대처할 자신이 있는가?

평소에 상대가 무엇에 흥미를 보이는지 관찰하는 연습을 하지 않은 사람은 금세 대화가 어색해지거나 무슨 말을 할지 몰라 금방 입을 다물게 된다. 그러지 않으려면 상대의 반응을 잘 살피고 흥미가 없어 보이면 바로 주제를 바꾸겠다는 마음가짐이 필요하다.

피로연 스피치는 왜 듣기 싫을까?

상대의 흥미를 고려하는지 아닌지에 따라 말하기가 어떻게 바뀌는지 구체적인 사례를 비교해보자.

결혼식에서 신랑의 주빈으로 스피치를 맡았다고 가정하자. 대부분 다음과 같이 상대가 흥미를 갖든 말든 의식하지 않고 말한다.

야스다 야스다입니다. 판 네이션즈라는 회사를 경영 중이고, 직접 세미
나 강사로도 일하고 있습니다. 세미나는 대부분 법인을 대상으로
하는데, 2007년부터 처음으로 와세다 대학에서 강의를 담당하고
이후 몇 번인가 와세다에서 강연하다가 2009년에는 와세다의 이
공학부 박사과정에서 수업을 맡았습니다.

거기서 신랑 K군과 처음 만났습니다. K군을 포함한 스물다섯 명
의 학생은 일본의 미래를 책임질 과학자들로 그들 앞에서 커뮤니
케이션에 대해 강의했습니다. K군은 수업이 끝난 뒤에도 열심히
질문하러 와서 로지컬 커뮤니케이션만이 아니라 연구자의 취업
상황, 회사경영에 대한 내용까지 다양한 이야기를 나누었습니다.
이런 인연으로 K군이 대학원을 졸업한 뒤에도 우리 회사의 합숙
이나 생일파티에 사원과 함께 참여하면서 관계가 계속 이어졌습
니다. 와세다에서 수업을 들은 학생들, 특히 1기생들과는 상당히
친하게 지냈습니다. 다들 사회인이 되고 나서도 이메일을 주고받
고 자주 통화하기도 하고, 심심하면 "교수님, 한잔하러 가죠"라고
하더군요. 모두 사이가 좋았습니다. 특히 그중에서도 K군과 가장
각별했습니다. 이제는 거의 아들 같습니다. 우리는 …(하략)…

예가 좀 길어졌는데, 실제 피로연의 스피치라면 아직 반
도 안 한 것이다. 길기만 한 게 아니라 무슨 말이 하고 싶은
지 명료하지 않고, 여러 이야기가 이것저것 잡다하게 끼어

들어서 내용을 이해하기조차 어렵게 된다. 피로연에 참석한 사람들이 무슨 이야기를 듣고 싶어 하는지를 생각해서 할 이야기를 미리 정리해두지 않으면 이렇게 두서없이 말하고 불평만 산다. 말은 말대로 하고 욕을 먹을 이유는 없지 않은가?

불평을 사지 않는 피로연 스피치

피로연에 참석한 사람들의 흥미를 끌려면, 핵심을 다음 두 가지로 압축해서 말한다.

① 신랑과의 명확한 관계
② 자신이 주빈으로서 자격이 있음을 듣는 사람들이 납득할 수 있게 할 것

이런 핵심을 살려 다음과 같이 정리하면, 듣는 사람들도 귀를 기울일 것이다.

　야스다라고 합니다. 신랑인 K군과 처음 만난 것은 와세다 대학원에서 제가 강사로 수업할 때였습니다. K군은 스물다섯 명 정도 있던 학생 중에서도 가장 빛나 보였습니다. 왜 빛나 보였는지 그 이유는 나중에 말씀드리죠. 아무튼 K군은 수업이 끝난 뒤에도 저를 곧잘 찾아와 이런저런 것들에 대해 질문을 했습니다. 제 전공인 로지컬 커뮤니케이션에 대해서는 물론이고, 연구자의 취업 상황이나 회사 경영 등 다양한 분야에 대해 둘이 이야기를 나누었습니다. 이런 인연으로 K군이 대학원을 졸업한 뒤에도 우리 회사의 합숙이나 생일 파티에 사원들과 함께 참가하고, 쭉 관계가 이어졌습니다. 이렇게 되니 그는 이제 아들같이 느껴져서…(하략)…

우선 대학원 수업 때부터 친했고, 졸업 후에도 관계가 이어져 아들처럼 귀여워한다는 이야기를 섞어서 말했다. 그리고 와세다에서 강의를 하고, 회사를 경영한다는 등 사회적인 위치와 지위를 이야기에 담아 자신이 주빈이 될 만한 사람임을 알 수 있게 구성했다. 이렇게 이야기한다고 듣는 사람들이 토크쇼를 보듯 즐거워하지는 않겠지만, 최소한 불평은 하지 않을 것이다.

▲ 자신을 향한 기대에 부응하는 스피치

나이, 직업, 경험, 성별 등 살아온 환경이 다른 사람들이 모인 피로연 같은 자리에서는 '모든 사람이 흥미를 가질 만한 요소'를 파악하는 것이 중요하다. 그리고 듣는 이들의 기대에 부응할 수 있을지를 생각해 이야기해야 한다.

무엇을 생각하고 어떤 점을 '특징'으로 내세워 연설하는 것이 좋을까?

'피로연에서는 친구, 친척, 직장 동료 등이 온다. 그렇다면 그 중에서 대학원과 관련된 내용은 새롭고 다른 사람에게도 꽤 재미있지 않을까?' 이런 식으로 생각해 이야기를 전개한 것이다.

사례 본질적인 주제만을 뽑아낸다

'이야기의 핵심'은 명쾌함

주제 뽑아내기를 잘하는 사람이 자민당 의원 이시바 시게루(石破茂)다. 오해가 없도록 미리 말해두지만 그를 정치적으로 지지한다는 뜻은 아니다. 어디까지나 그의 '말하는 방법'에서 배울 만한 점이 있다는 뜻이다.

이시바 의원은 항상 우선순위를 정해서 이야기한다. 이야기의 요지가 명쾌하고 날카로워 깜짝 놀란 적도 있다. 토론 전체를 한 손에 쥔 듯한 예리함이 느껴진다.

예를 들어, 어느 텔레비전 프로그램에서 일본 헌법 제9조(전쟁 포기와 전력 불 보유 등 평화주의를 규정하는 내용 – 옮긴이 주)를 개정하는 방안에 대해 방송에 참가한 사람들이 각각 찬성과 반대로 나뉘어 토론했다.

이시바 의원은 개정 찬성파였는데, 다양한 의견을 듣고 다음과 같은 의견을 진술했다.

이시바 헌법 제9조로 평화로워진다면 전 세계가 채택하겠지요. 그런데 세계 어디서도 그렇게 하지 않습니다. '대체 왜 그럴까?'를 생각해봐야 합니다.

헌법 개정을 찬성하는 의견에서 이토록 명확한 근거가 있을까? 다른 출연자가 조잡한 논쟁을 계속하는 가운데 개정 문제를 어디서부터 생각하면 좋을지, 그 돌파구가 되는 본질적인 주제를 제시했다. 거기다 '왜 그럴까?'라고 참석 자에게 질문을 던졌다. 질문을 받았으니 거기에 대해 생각 을 할 수밖에 없고, 흥미를 일으키게 된다.

나는 이시바 의원의 이 짧은 말속에서 명쾌한 '주제 뽑아 내기'를 느꼈다. 그러나 이는 이시바 의원만이 아니라 다른 사람도 충분히 할 수 있는 방법이다. 지금까지 설명한 '핵 심을 생각하고 상대의 흥미를 찾아내는 방법'을 활용하면, 누구든 어렵지 않게 주제를 뽑아낼 수 있다.

주제를 잘 뽑아내는 사람을 한국에서 찾자면 인터넷 신문 〈딴지일보〉의 총수인 김어준을 예로 들 수 있다. 독설을 잘하 기로도 유명하고, 그런 만큼 그에 대한 평가는 극과 극이라고 할 수 있다. 하지만 분명한 건, 그는 말을 잘한다. 특히 핵심을 콕 찍어내는 데는 달인의 경지에 이르렀다고 할 수 있다.

그가 진행하는 라디오 상담 프로그램의 예를 들어보자. 당시 경찰공무원 시험을 준비 중인 한 여성의 사연이 도착 했다. 자신은 경찰이 되고 싶어 주변의 만류를 뿌리치고 준

비를 시작했는데, 필기시험 때문에 몇 번 고배를 마시면서 점점 스트레스가 쌓여갔다고 한다. 문제는 이를 해소하기 위해 TV를 보기 시작하면서 점점 공부가 손에서 멀어졌고, 아직도 경찰이 되고 싶은 열정은 넘치지만 갈수록 스트레스를 받고 조급해지기 시작했다는 점이다.

여기에 대해 김어준은 이렇게 대답했다.

김어준　보통은 이런 경우 '경찰이 되고 싶다'는 걸 전제로 상담을 해주겠죠? 하지만 저는 조금 더 본질적인 질문을 해보고 싶습니다. '정말로 경찰이 되고 싶은 것인가?'를 먼저 묻고 싶어요.

그의 말 그대로다. 라디오나 TV, 심지어는 실제로 상담을 해줄 때도 일반적으로는 상대가 내려놓은 전제는 인정을 하면서, 그 안에서 해결책을 찾으려 한다. 하지만 김어준은 전혀 다른 방식으로 접근했다. 상대가 내놓은 고민이 어디부터 시작됐는지, 그런 고민을 안겨준 문제의 핵심은 무엇인지를 먼저 파고들었다.

주제를 뽑아낸다는 것은 이렇듯 현재 언급되고 있는 논

의보다 한층 더 깊고 본질적인 주제로 파고든다는 의미도 가지고 있다.

 1분 안에 정리해보자

1분 안에 정리해서 말하는 연습을 하면, 이야기의 줄거리를 파악하여 쓸데없는 정보를 잘라낼 수 있다. 이때 반드시 1분 안으로 이야기를 줄여야 한다. 말하는 속도를 빠르게 하라는 것이 아니다. 평소처럼 또는 다른 사람이 듣기 좋은 정도의 속도로 1분 안에 끝낼 수 있도록 내용을 정리하고 쓸데없는 정보들을 잘라내야 한다는 뜻이다. 이렇게 시간을 제한하면 이야기가 옆길로 새지 않아 중요한 핵심만 정리할 수 있다.

1분 안에 정리해서 말하는 연습으로는 1회마다 이야기가 완결되는 '에피소드 형식 드라마 줄거리 간추리기'를 추천한다. 주로 미국 드라마, 특히 의학 드라마가 좋다. 나 역시 좋아하는 드라마를 보고 줄거리를 1분 안으로 정리해

친구나 사원에게 이야기하는 식으로 연습한다.

대개 드라마는 큰 중심 주제와 복선을 이루는 서브 스토리로 구성된다. 스토리를 전체적으로 파악하지 못하면 이 구조를 이해할 수 없다. 좋은 드라마는 이 구조가 탄탄하기 때문에, 잘 짜인 에피소드 형식 드라마를 '1분 연습'의 주제로 추천한 것이다.

다른 연습 방법으로는 보도 프로그램 간추리기를 추천한다. 보도 프로그램에서는 다양한 정보가 불연속적으로 흘러나온다. 이를 1분 안에 이야기하려면 '무엇을 말해야 할지' 자기 나름대로 주제를 뽑아내고 다른 내용은 과감하게 잘라버려야 한다. 모든 내용을 말하려고 하면 1분 안에 끝낼 수 없기 때문이다. 이때 듣는 상대의 흥미에 따라서 조금씩 핵심을 바꾸는 연습을 하는 것이 좋다.

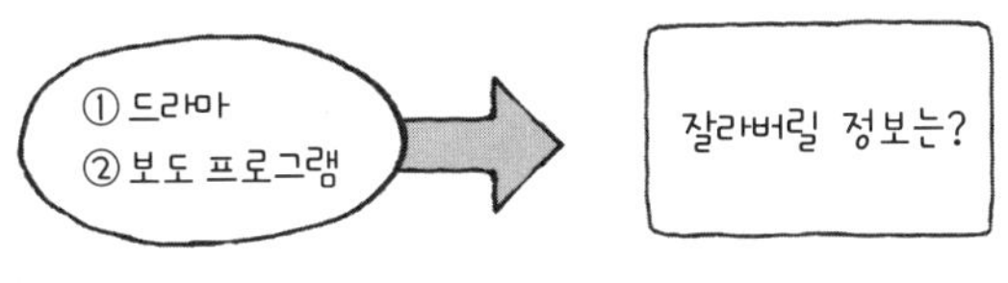

▲ 1분 안에 정리해서 말한다

12 대화의 필수 양념, 웃겨라!

핵심 경직된 회의실에 활기를 불어넣자

혹시 회의를 할 때 이런 경우는 없었는가?

- 진행이 되지 않고 제자리에 머문다

- 어색한 공기가 흐른다

- 그냥 순서만 정하는 것 같다

- 수박 겉핥기 같은 의견만 나온다

이렇게 정체된 분위기를 깨트리는 것이 '자극'이다. 회의를 자극함으로써 정체된 공기에 바람을 일으키고 상황을 바꿀 수 있다. 환기가 된 덕분에 회의실에서는 단숨에 활발하게 의견이 나온다.

이는 비단 회의 때만 통용되는 것이 아니다. 어떤 상황이든 대화가 정체되거나 분위기가 어색할 때 또는 긴장된 상황에서 사용하면 대단히 효과적인 방법이다.

위험부담은 크지만 효과는 절대적

대화를 자극하는 방법에는 어떤 것들이 있을까? 구체적으로는 칭찬하기, 반어법, 놀리기, 예시 들기 등의 방법이 있다.

이 중에서 가장 의외라고 생각하기 쉬운 '놀리기'로 대화를 자극하는 방법을 설명하겠다. 단 주의해야 할 것은, 놀리기에는 위험이 따른다는 점이다. 그러나 그 밑바탕에는 상대를 향한 친근감도 동시에 존재한다. 위험과 친근함의 사이를 아슬아슬하게 자극해 말로 표현하기 힘든 재미를 느낀다. 위험하긴 해도 효과는 엄청나다. 즉, 성공했을 때의 효과와 실패했을 때의 부작용이 큰 양날의 검이라고 할 수 있다. 성공과 실패 여부는 말하는 사람의 역량에 달려있다.

이제 아슬아슬함을 넘어 성공한 사례를 이야기하겠다.

사례 적절한 '놀리기'로 웃음바다를 만든다

놀리기로 대화를 자극하는 데 성공한 사람중 하나가 탤런트 시마다 신스케(島田紳助)다. 위험 부담이 크고 어려운 이 기술을 그는 멋지게 활용한다. 예를 들어, 출연자와 고등학생이 퀴즈로 겨루는 프로그램 〈퀴즈! 헥사곤(Quiz Hexagon)〉에서 그는 다음과 같은 기술을 썼다. 그 주에는 구마모토(熊本) 현에서 온 고등학생들이 출연했다.

시마다	거기 구마모토에서 와서 좀 얼었죠?
고등학생	안 얼었습니다.(웃음)
출연자 A	K고등학교는 구마모토에서도 제일 명문이에요. 다들 여기에 들어가려고 얼마나 열심히 공부하는데요.
	…(중략)…
시마다	아무렴 그렇겠죠. "이쪽으로 와"라고 해도 (모두 서서)아무도 안 앉잖아요. 다 서 있어요. "앉아도 돼요"라고 할 때까지 말이죠. 이런 건 경찰견 이후로 처음 봐요.(스튜디오 폭소)

'당시 상황의 전제'를 이용하라

위의 상황을 보면, K고등학교 학생들의 깍듯한 예의를 소재로 사용하여 놀리듯 '이런 건 경찰견 이후로 처음 봐요'라고 말했다. 고지식한 교육위원회와 학부모협회 같은 곳에서 항의가 들어올 만한 발언인데, 정작 K고 학생들은 폭소했다.

이런 놀림도 사실은 '머리 좋은 아이들이 다니는 학교'라는 전제로 말했기 때문에 스튜디오의 분위기가 달구어졌

다. 만약 고상하게 칭찬했다면 오히려 흥이 깨져 스튜디오
의 분위기가 어색해지고, 학생들도 웃으면서 긴장을 풀지
는 못했을 것이다.

상황을 살피면서 절묘한 타이밍에 던지는 한 마디 한 마
디가 그 자리의 분위기를 바꾸고, 모두로부터 생생한 대화
를 끌어낼 수 있다. 대화가 활기를 띠게 되는 것이다.

비유와 역설이 분위기를 바꾼다

이 시마다 신스케의 '경찰견'처럼, 놀릴 때는 어떤 '비유'
나 '역설'이 합쳐지는 일이 많다.

다음 두 가지 사례를 보자.

A대리　　A부장님이랑 B과장님이 서로 발모제 효과를 자랑했어.

B사원　　구글 어스로 내려다 보면 어차피 똑같잖아요.

C사원　　어제 고기 뷔페에서 고기를 일곱 접시나 먹었더니 오늘은 소화가
　　　　안 돼서 영 더부룩해요.

D사원　　그렇다면 오늘 회식은 어쩔 수 없이 삼겹살을 먹으러 가야겠네요.

이렇게 비유 속에 들어간 놀리기, 반어법 등의 '양념'이 대화를 자극해 절묘한 맛을 낸다. 양념이 들어간 비유로 단숨에 웃음바다를 만드는 것이다. 이미지를 떠올리기 쉬우니 모두 함께 웃을 수 있고, 그렇게 되면 그 자리는 분위기가 단숨에 달아오른다.

이 놀리기와 비유하기 기술의 핵심은 타이밍이다. 머뭇거림 없이 '이때다!' 싶은 타이밍에 정확히 말하지 않으면 효과가 반감한다. 그러나 타이밍만 맞으면 폭발적인 웃음을 일으킨다.

시마다가 이 타이밍을 파악해내는 속도는 놀랍다. 그의 방송을 보면, 상대가 말을 끝내기도 전에 이미 대화를 자극하는 놀리기 한마디를 던진다.

그 비결은 바로 '집중력'이다. 야구에서 타자가 투수의 공을 치기 위해 엄청나게 집중하는 것과 같다. 말은 내뱉는 순간 사라지기 때문에, 집중하지 않고 막연히 하다 보면 김빠진 대화가 되어버린다.

집중해서 '이 사람은 다음에 어떤 말을 할까?'를 생각하며 들으면, 번뜩하고 적절한 비유가 떠올라 서로 자지러지게 웃고 좋은 분위기를 형성할 수 있다. 특히 절묘한 타이밍에 꺼내는 적절한 비유는 아무리 무뚝뚝한 사람이라도 배꼽을 잡게 만든다.

이런 놀리기와 비유를 잘 사용하는 한국인의 사례로는 개그맨 이경규와 김구라를 들 수 있다. 그들의 농담을 원색적인 비난이라며 싫어하는 사람들도 있고, '독설 개그'라고 부르기도 한다. 그럼에도 많은 팬들을 확보한 채 인기를 구가하고 있는 이유라면 역시 '아슬아슬한 줄타기 같은 놀리기'에서 떨어지지 않고 성공하는 방법을 알고 있기 때문이리라.

일반적인 사람들의 상식으로는 이해할 수 없는 행동을 일삼아 일명 '화성인'에 비견되는 사람들을 초청해 그들의 독특한 면과 일상을 보여주는, 케이블 TV 프로그램 tvN의 〈화성인 바이러스〉를 예로 들어보자. 그 주에는 파격적이라고 할 만큼 개성 있는 헤어스타일의 남성 출연자가 초대 손님으로 나왔다.

김구라	…(펌을)한번 해봐야겠다 싶었는데, 비용도 만만치 않고… 여덟 시간이 걸린다고 해서 포기했어요.…(중략)…
이경규	저는 얼마 전까지 펌을 하고 다녔는데, 이제 끊었어요.
동료 MC	왜요?
이경규	한 시간 반이나 걸리더라고! …(중략)…
동료 MC	사실 저도 예전에…
이경규	<u>잠깐만! 지금 본인 얘기 하는 거예요? 별로 듣고 싶지 않은데….</u> (스튜디오 폭소) …(중략)…
이경규	방송 출연한다고 (특히 신경 써서)세웠다든지, 이런 게 아니고 항상 이러고 다녀요?
출연자	네. 항상 이래요. …(중략)… 제가 놀러 다니는 걸 좋아해서요.
김구라	(시큰둥한 표정으로)뭐, 그럴 것 같아. (턱으로 출연자를 가리키며)<u>아니, 이러고 집에 있으면 뭐해? 괜히 엄마 근심만 쌓이지.</u>(출연자를 포함해 전원 폭소) …(중략)…
김구라	옛날에 (헤어스타일이 특이한)김무스 씨라고 있었어요.
동료 MC	(출연자에게)그분의 헤어스타일을 어떻게 평가하십니까?
출연자	그건 쉬운 머리죠. …(중략)… 제 머리에 비하면 뭐….
김구라	에이, 그래도 <u>업계 선배인데 어떻게 말을 그렇게 하나?</u>(스튜디오 폭소)

이경규는 자신의 이야기를 실컷 해놓고 동료 MC가 말을 하려 하자 끊어버렸다. 상대방이 기분 나쁠 수도 있는 행위이지만, 동료 MC가 평소 놀림을 많이 받는 대상으로 자리매김해 있었기에 본인도 기분 나빠하지 않았다.

김구라의 대화를 살펴보면, 다소 민감한 부분일 수도 있는 가족, 그것도 '엄마'를 언급했다. 불쾌하게 받아들일 수도 있겠지만, 프로그램의 특성상 출연자 대부분은 주변 사람들로부터 이해받지 못하는 경우가 많기에 화를 낼 내용은 아니다. 또한 화살의 대상이 어머니가 아니라 어머니를 근심하게 만든 출연자이기 때문에 모두 웃을 수 있었던 것이다. 마지막으로 '업계 선배'라는 말로 '특이한 헤어스타일'을 하나의 일에 비유함으로써 웃음을 유도해냈다.

위험부담이 큰 만큼 성공만 한다면 좌중을 압도할 수 있는 이 기술을 반드시 익혀 대화 분위기를 달구어보자.

사례 즉각적으로 '비유'한다

즉각적으로 '네', '아니오'를 말한다

대화에 '양념이 들어간 비유'를 넣는 기술을 익히려면 일단 빠른 반응이 필요하다. 처음에는 간단하고 단순한 것부터 시작하는 편이 좋다. 예를 들어 '네', '아니오' 정도라도 좋으니 일단 바로바로 답하는 연습을 해보자.

이 첫 단계를 완수하면 다음은 다른 말로도 해보자. 예를 들어 '보고, 연락, 상담' 등에서 시도하면 좋다.

A부장   왜 ○○사에 대한 판매 전망이 적은가?
B대리   네, 이유는 ~이기 때문입니다.

이런 식으로 일단 바로바로 답한다. '내용에 따라서는 생각이 필요할 때도 있는 거 아냐?'라고 생각할지도 모르지만, 계속 연습하다 보면 습관이 된다. 습관이 되면 생각과 동시에 말이 나오는 경지에 이를 수 있고, 그게 우리의 지향점이다. 오늘부터 습관을 들이도록 연습해보기 바란다.

'상대에게 통하는' 비유가 중요하다

다음으로 연습해야 할 것은 '비유하기'다. 앞에서도 말했지만 '대화를 자극하는 기술'에서는 재미있는 예시가 웃음을 끌어낸다. 따라서 평소에 다음과 같이 놀리기를 써보기를 추천한다.

A사원　예전부터 꿈꾸던 일이 있었는데, 이번에 성공하게 됐어. 역시 간절히 원하면 꿈은 이루어지나 봐.

B사원　그러게. 네가 예전부터 '개꿈'을 자주 꾼다는 얘기는 들었는데, 결국 이루어졌구나.

처음에는 초점이 어긋나고 타이밍이 맞지 않아도 대화하면서 계속 써보기 바란다. 그러다 상대가 웃으면 대성공이다.

이때 주의사항이 있다. 상대에게 맞는 소재를 생각해야 한다는 점이다. 결코 혼자만 아는 비유를 쓰면 안 된다. 예를 들어 앞의 예들 중 '구글 어스'를 언급한 대화가 있는데, 만약 '구글 어스'가 무엇인지 상대가 모를 가능성이 있다면 다르게 비유해야 한다. 왜냐하면 최종 목적은 말장난이 아니라 어디까지나 함께 웃으며 일체감을 느끼는 것이기 때문이다. 서툰 비유를 써서 상대에게 통하지 않으면 반대로 그 자리 분위기는 급속도로 썰렁해질 뿐이다. 그러니 서로 진심으로 웃는지 아닌지를 성공과 실패의 기준으로 삼아야 한다.

'말하기' 하나로
인생을 바꿀 수 있다!

나는 돈도, 연줄도, 학력도, 체력도 없는, 그야말로 빈털 터리 인생이었다. 어릴 때 우리 집은 결코 유복한 편이 아 니어서 친구도 집에 데려올 수 없었다. 이 때문에 어린 마 음에도 '언젠가 사람을 불러도 부끄럽지 않은 집에 살고 싶 다'고 생각했다.

대학도 별로고, 첫 직장은 이름 없는 작은 회사였다. 몸 이라도 튼튼하면 영업사원으로 일했을지도 모르지만, 결국 회사를 몇 번이나 쉴 정도로 몸이 약했다.

돌이켜보면 20대 시절의 나는 앞날이 깜깜했고, 매일 절

망감에 휩싸였다.

내 경력을 본 사람 중에는 '대학 시절에 영국에 유학도 갔다 왔잖아'라고 따지는 사람도 있겠지만, 솔직히 그때는 영어를 잘하지 못했다. 그러니 내게는 내세울 만한 것이 하나도 없었다.

그러나 그 와중에도 말 하나는 제법 잘했다. 그래봐야 전부 1점짜리 중에서 그나마 2점인 수준이었지만, 내 무기는 그것밖에 없었다. 워낙 가진 게 없는 가운데 고를 수 있는 것이라곤 말하기뿐이었다.

얼마 전 영화배우 '스티브 맥퀸(Terence Steven McQueen) 특집(사후 30주년 기념)'을 텔레비전에서 해주기에 봤는데, 영화 〈르망스(Le Mans)〉에서 맥퀸이 이런 대사를 한다.

"세상에는 내가 못하는 일투성이다. 그런 내가 유일하게 잘하는 게 운전이다. 그러니 레이스는 내 인생 자체다."

나 역시 그런 심정이었다. '잘난 게 없다. 하지만 말만은 잘한다. 그러니 이걸로 승부하는 수밖에 없다.'

그렇다고는 해도 많은 사람 앞에서는 전혀 말을 못했다.

서른 명 정도 앞에서 유학 경험을 이야기할 기회가 있었는데, 머릿속이 새하얗게 변했고 말이 나오지 않아 사회자에게 엄청나게 폐를 끼친, 기억하고 싶지도 않은 경험이 있었다. 심한 울렁증을 극복하고 많은 사람 앞에서도 말을 잘하게 된 것은 훨씬 나중의 일이었다.

그런 내가 지금은 일류 기업 약 1,000개 사의 고객을 지닌 회사의 경영자가 되어, 기업은 물론 유명 대학의 대학원 등에서도 강사로 일하고, 책도 많이 썼다. 거기다 시내에 집을 짓고 직원들을 불러 자택 바에서 파티를 열기도 한다. 오랫동안 꿈꿔왔던 '사람을 부를 수 있는 집'에 살게 된 것이다. 이것도 오로지 '말하기'라는 무기를 내 나름대로 계속 갈고닦았기 때문이다.

그래서 나는 자신 있게 말할 수 있다.

말하기를 익히는 데 너무 늦은 때란 없고, 연습만 하면 누구든지 말을 잘할 수 있다!

그리고 말을 잘하면 주위 사람들이 좋아하고, 일이 저절로 들어와 성공한다. 이 성공의 방정식과 선순환은 어느 시대에든 통한다. 이 역시 자신 있게 말할 수 있다.

만약 예순 살을 넘은 나이라고 해도 결코 늦지 않았다. 20대, 30대라면 전도유망하다. 40대, 50대라면 금방 효과가 나타날 것이다.

반드시 '자신만의 말하기'에 도전하기 바란다. '말하는 방법'이 바뀌면 인생도 크게 달라질 것이다. 그렇게 되면 더 멋진 인생을 보낼 수 있다. 그것이 저자로서의 유일한 바람이다.

지은이 **야스다 다다시**(安田正)

1953년 미야기(宮城) 현 출생. 기업 대상 어학연수 기관인 (주)판네이션스(Pan-nations) 컨설팅 그룹의 대표이사. 2년간 영국 유학생활을 마치고 가나가와(神奈川) 대학교를 졸업한 후 가네마쓰(兼松) 퍼스널 서비스 국제문화 사업부 부장을 거쳐 1990년에 (주)판네이션스 컨설팅 그룹을 설립해 지금까지 직접 강사로 활약 중이다. 영어회화와 화술에 관한 책을 다수 출간했고, 그중 《회의력》, 《비즈니스 영어회화》가 국내에 번역 출간되었다.

주식회사 판네이션즈 컨설팅 그룹 홈페이지 http://www.pan-nations.co.jp/
야스다 다다시 블로그 http://www.pan-nation.jp/mt/

옮긴이 **황선희**

단국대학교 행정학과 졸업. 잡지사 취재기자로 활동했고, 현재 프리랜서 일본어 번역가로서 다양한 분야의 책을 번역하고 있다. 옮긴 책으로는 《되는 사람들의 45가지 습관》, 《발로 이루는 꿈》, 《남이 싫어하는 일을 하라》, 《자신감 특강》, 《간단 명쾌한 세계사》 외 다수가 있다.

황선희 블로그 http://blog.naver.com/nijiki

대화의 맛

2011년 11월 5일 1판 1쇄 박음
2011년 11월 10일 1판 1쇄 펴냄

지은이 야스다 다다시(安田正)
옮긴이 황선희
펴낸이 김철종

편집진행 노준승
표지 디자인 양미정　**본문 디자인 · 일러스트** 김문정
마케팅 최단비 오영일 김상숙

펴낸곳 (주)한언
주소 121-854 서울시 마포구 신수동 63-14 구프라자 6층
전화번호 02)701-6616　**팩스번호** 02)701-4449
전자우편 haneon@haneon.com　**홈페이지** www.haneon.com
출판등록 1983년 9월 30일 제1-128호
ISBN 978-89-5596-627-5　13320